Edition Calwer

Paul Dieterich

Wege zur Krippe

Ein etwas anderes Weihnachtsbuch

Meiner lieben Frau Iris,
den Töchtern Eva, Christina und Esther
und den Enkelkindern
Patrick, Nadja, Jonathan und Rebekka

Paul Dieterich

Wege zur Krippe

Ein etwas
anderes Weihnachtsbuch

Mit Fotografien
von
Thomas Skalak

Calwer

Gedruckt mit freundlicher Unterstützung
der Calwer Verlag-Stiftung

Bibliografische Information der Deutschen Bibliothek
Die Deutsche Bibliothek verzeichnet diese Publikation in der Deutschen Nationalbibliografie;detaillierte Daten sind im Internet über http://dnd.ddb.de abrufbar.

ISBN 978-3-7668-4226-8

Lektorat: Andrea Scholz-Rieker, Herrenberg
Typographie, Satz und Herstellung:
ES Typo-Graphic Ellen Steglich, Stuttgart
Umschlaggestaltung: ES Typo-Graphic Ellen Steglich, Stuttgart
Umschlagmotiv: © Thomas Skalak, Weilheim/Teck

Druck und Verarbeitung: Offizin Scheufele, Stuttgart
E-Mail: info@calwer.com; Internet: www.calwer.com

Vorwort

Ein Journalist wollte einmal von mir wissen, was mir das Weihnachtsfest bedeute. Dabei ließ er so ganz en passant durchblicken, Karfreitag und Ostern seien ja christliche Feste, aber Weihnachten sei doch nicht eigentlich christlich, Weihnachten sei doch „für alle“ da.

Diese Auffassung hat mich mehr belustigt als entsetzt. Immerhin feiern wir an Weihnachten die Geburt Jesu Christi. Was den Karfreitag betrifft, so glauben wir, dass Jesus Christus sich für alle Menschen mit Leib und Leben eingesetzt hat. Und in seiner Auferstehung sehen wir den entscheidenden Neuanfang Gottes mit der ganzen Menschheit, ja mit seiner ganzen Schöpfung. Also sind Weihnachten, Karfreitag und Ostern ganz entschieden christliche, das heißt Christus-Feste. Und bei jedem von ihnen geht es um das Heil jedes Menschen.

Weihnachten ist tatsächlich für alle Menschen da. Dass Gott ein Mensch wird, um die Sache von uns Menschen zu seiner eigenen Sache zu machen, ja das ist die Botschaft des Christfestes.

Seit dem Beginn unserer Ehe vor über vierzig Jahren baut meine Frau Iris alle Jahre wieder in der Adventszeit in unserem Wohnzimmer eine Krippe auf. Sie ist von Jahr zu Jahr vielfältiger geworden. Die fein geschnitzten Figuren stammen aus dem Grödner Tal in Südtirol. Sie wurden zum Großteil von Professor Karl Kuolt (1879–1937) entworfen, dessen Heimat im süddeutschen Spaichingen liegt. Er hat der Krippe ihren Namen gegeben. Die Steine und Wurzeln fand meine Frau bei unseren Bergwanderungen im Südtiroler Schnalstal.

In jedem Jahr komponiert sie ein neues Gesamtkunstwerk aus Figuren und gesammelten Naturstücken. Immer ist es ganz persönlich durchdacht. Wege zur Krippe tun sich auf. Auch Wege, die von der Krippe Jesu her kommen.

Thomas Skalak hat mit seiner Fotografierkunst Figuren und Figurengruppen ins Bild gesetzt. Ich habe ihm sehr zu danken. Danken will ich auch Andrea Scholz-Rieker für ihre sorgfältige Arbeit als Lektorin dieses Buches, zudem Dr. Evelina Volkmann und Dr. Brigitte Müller für ihren Rat.

Sind meine Betrachtungen und Gedanken erbaulich? Das würde mich freuen. Aber planen kann man das nicht. Sind sie biblisch? Das hoffe ich. Sind sie politisch? Wohl auch. Ich halte es für wesentlich, dass wir unser politisches Leben im Licht Jesu Christi gestalten. Sind sie ökologisch? Ja. Ich will die Welt der Tiere, die ganze Schöpfung, in die Nähe Jesu rücken, wie dies etwa in russischen Weihnachtsgeschichten eindrücklich geschieht. Treffen meine Gedanken Ihre Wirklichkeit? Das können nur Sie, liebe Leserin und lieber Leser entscheiden.

Ich wünsche Ihnen eine erbauliche und anregende Lektüre mit Bildern zur Krippe Jesu.

Weilheim-Teck, Ostern 2013 *Paul Dieterich*

Vorspiel

Durst

Wasser! Immer deutlicher wird die Frage, ob wir bei sprunghaft wachsender Weltbevölkerung genügend Trinkwasser haben werden, zu einer entscheidenden Überlebensfrage der Menschheit. In den südlichen Ländern, etwa in der Sahelzone, bekommt das jedes Kind zu spüren, wenn Vater oder Mutter viele Kilometer unter sengender Sonne laufen, um einen Kanister Trinkwasser nach Hause in ihre Hütte zu bringen.

In der Bibel gilt das Wasser als Sinnbild für eine lebendige und lebenserhaltende Beziehung zwischen Gott und Mensch. Psalm 63,2: „Gott, mein Gott, den ich suche. Es dürstet meine Seele nach dir, mein ganzer Mensch verlangt nach dir aus trockenem, dürrem Land, wo kein Wasser ist." Oder Psalm 42,1-3: „Wie der Hirsch lechzt nach frischem Wasser, so schreit meine Seele, Gott, zu dir. Meine Seele dürstet nach Gott, nach dem lebendigen Gott. Wann werde ich dahin kommen, dass ich Gottes Angesicht schaue?"

Seinem Volk, das er aus der ägyptischen Sklavenhaltergesellschaft befreit hat und das in der Wüste am Verdursten ist, lässt er seinen Beauftragten Mose Wasser aus dem Felsen schlagen. Das ist nicht nur auf der Ebene physischer Durstlöschung zu verstehen. Es lässt uns auf einem tieferen Grund ahnen, dass Gott seine Beziehung zu seinem Volk neu belebt und dadurch den Wüstenwanderern Saft und Kraft gibt. Sie leben aus dieser Beziehung.

Dem völlig verzweifelten Propheten Elia, der lebensüberdrüssig in der Wüste unter einem dürren Strauch sterben will, lässt Gott einen Unbekannten einen Krug frischen Wassers ans Kopfende stellen. Er weckt den Lebensmüden, heißt ihn trinken und essen. Er stärkt ihn für dessen langen Weg bis „zum Horeb", das heißt bis zur letzten Begegnung mit ihm selbst (1. Kön 19,1–8).

Hagar, die verstoßene Nebenfrau des Abraham irrt mit ihrem Sohn Ismael in der Wüste umher, muss zusehen, wie ihr Junge so langsam verdurstet. Bis ein Engel ihr die Augen öffnet für die Quelle, die das Leben ihres Kindes und ihr eigenes rettet (1. Mose 21,14–21). Eine Geschichte, wie sie sich heute täglich abspielt: Die Verstoßene mit ihrem Kind durchlebt Wüsten, in denen es um Sein oder Nichtsein geht, flnicht zuletzt für das Kind. Findet sie die Quelle, den Ursprung ihres Lebens, findet sie mit dem Kind in ihrer Wüste Gott?

Was hat in einer Weihnachtskrippe ein Wasserverkäufer zu suchen? Er kommt von der Krippe Jesu. Und er bringt das Lebenswasser mit, das wir Menschen brauchen, um das zu erfahren, was Jeremia (17,7) in seiner Bildsprache so ausdrückt: „Gesegnet ist der Mensch, der sich auf den Herrn verlässt und dessen Zuversicht der Herr ist. Der ist wie ein Baum, am Wasser gepflanzt, der seine Wurzeln zum Bach hinstreckt. Denn obgleich die Hitze kommt, fürchtet er sich doch nicht, sondern seine Blätter bleiben grün. Und er sorgt sich nicht, wenn ein dürres Jahr kommt, sondern bringt ohne Aufhören Früchte."

Drei Krüge bringt der Wasserverkäufer. Ich sehe in ihnen einen Hinweis auf den Schöpfer, aus dem wir in jeder Minute unser Leben haben. Auf den Sohn, der uns die Vitalkraft der Liebe Gottes vermittelt. Auf den Heiligen Geist, der uns die Kraft gibt, auch im Geist zu leben.

Es geht im Stall von Bethlehem um nichts Geringeres als um die Frage, ob wir und unsere Kinder auf unseren Wüstenwegen leben können aus tiefen Quellen.

Last

Dieser Mann trägt eine schwere Last. Die Bibel versteht unter dem Wort „Last" vor allem die Fronarbeit und Sklavenexistenz, wie sie Israel in Ägypten erdulden musste. Aus ihr hat Gott der Herr sein Volk befreit.

In der Lebensgeschichte des Mose bricht eines Tages nach langer konfliktreicher Wüstenwanderung aus ihm die pure Verzweiflung heraus: „Warum finde ich keine Gnade vor deinen Augen, dass du die Last dieses ganzen Volkes auf mich legst?" Er kommt sich vor wie eine Amme, die ein Kind, das nicht laufen lernen will, durch die Wüste ins Gelobte Land tragen soll. Vor ihm stehen vor Hunger heulende Menschen seines Volkes. Sie erwarten von ihm Fleisch. Als könne er ihnen gebratene Tauben herzaubern. Da bricht er in die Klage aus: „Ich kann dieses Volk nicht allein tragen, es ist mir zu schwer" (4. Mose 11,11-14).

Hiob leidet nicht nur unter der Last des gesammelten Unglücks, das über ihn hereingebrochen ist. Unter dem plötzlichen Tod seiner Kinder, als durch einen Wirbelsturm das Haus, in dem sie gefeiert haben, zusammenbricht. Unter jener ekelerregenden Krankheit, die ihn entstellt. Unter dem Geschwätz seiner Frau, die ihm zu verstehen gibt, er möge doch alle Hoffnung auf Gott fahren lassen und - so oder so - endlich sterben. Er kommt sich vor wie eine Zielscheibe, in der Gottes Giftpfeile stecken (Hiob 6,4). So wird er sich selbst zur Last (Hiob 7,19-21).

Welche Lasten drücken heute viele von uns? Die Sorge: Was wird aus mir? Wo bleibe ich?

Noch mehr: Was wird aus unseren Nachkommen, gerade dann, wenn sie krank und hilflos sind, wenn wir einmal nicht mehr da sind?

Oder die Last eigener Behinderung. Auch auffallende Entstellungen zähle ich dazu. Immer wieder begegne ich einem Mann, dessen Gesicht durch bleibende Brandwunden über und über gezeichnet ist. Wie mag es ihm gehen in einer Gesellschaft, die auf das Äußere einen so großen Wert legt?

Oder die Last, dass einer sich beim Gedanken an diesen oder jenen im Unfrieden lebenden oder gestorbenen Menschen fragen muss: Ist er an mir verzweifelt? Was bin ich ihm schuldig geblieben?

Die Last der Verantwortung für einen Betrieb, durch den Hunderte, vielleicht Tausende Arbeit und Brot haben. Was tun, wenn die Aufträge ausbleiben und das Schiff schlingert?

Besonders schwer wird eine Last, wenn sie ein Kind trifft. In einem der frühesten Gedichte von Friedrich Hölderlin - er nennt es „Die Meinige“ und meint damit seine Mutter - erinnert er an die Szene, als sein Vater starb und am „schrecklichstillen Sterbebette ... meine Mutter sinnlos in dem Staube lag“. Ihn, das schluchzende Kind, habe dann aber „ein heiliger Schauer“ durchbebt:

> Kindlich sprach ich - Lasten legt er auf.
> Aber o! er hilft ja auch, der gute, liebevolle Gott ...
> O! so hilf, so hilf in trüben Tagen,
> Guter, wie du bisher noch geholfen hast,
> Vater! Liebevoller Vater! Hilf, o hilf ihr tragen,
> Meiner Mutter - jede Lebenslast.

Schon das Kind Friedrich Hölderlin hat offenbar etwas von jenem Wort aus Psalm 68,20.21 erfahren, das im Leben so vieler wahr wurde: „Gelobt sei der Herr täglich. Gott legt uns eine Last auf, aber er hilft uns auch. Wir haben einen Gott, der da hilft, und den Herrn, der vom Tod errettet.“

Der Lastenträger in unserer Weihnachtskrippe mit seinem zuversichtlichen Blick, seinem zielgerichteten, entschlossen ausholenden

Gang bringt seine Last dem Christus, der uns die „Jammerlast“ abnimmt. Es ist der „fröhliche Wechsel“, den Martin Luther in seiner Schrift „Von der Freiheit eines Christenmenschen“ beschreibt: Christus nimmt, was wir Gott, einander und uns selbst schuldig bleiben, auf sich. Und er gibt uns seine Unschuld und seine Freiheit, die uns niemand, auch kein böses Geschick, keine Krankheit mehr abjagen kann.

„Herr, ich glaube, hilf meinem Unglauben“ (Mk 9,24), sagt der Vater des Epileptischen. Unser Vertrauen wird belohnt.

Dann werden wir auch so frei, miteinander nach dem Motto zu leben (Gal 6,2): „Einer trage des anderen Last, so werdet ihr das Gesetz (das Lebensgesetz, die Grundordnung) Christi erfüllen.“

Werden im 21. Jahrhundert immer mehr Menschen erkennen, dass dies die beste Grundordnung auch für Europa, ja für die ganze Völkerwelt ist? Oder wird unser Egoismus diese Einsicht verhindern? Die Völkerwelt wird anders, wenn sie zu dieser Grundordnung umkehrt. Wir auch. Versuchen wir es.

Schlucht

Seit vielen Jahren befindet sich in unserer Krippenlandschaft eine Schlucht. Alle Jahre wieder baut sie meine Frau aus Holz und Rinden, die Felsen täuschend ähnlich sehen. Warum die Schlucht?

Sie ist für uns die persönliche Erinnerung an eine schwere Zeit. Unsere Tochter Esther, schwerstbehindert mit fast täglichen epileptischen Anfällen, erkrankte an Krebs. Sie konnte weder essen noch trinken noch stehen. Sie magerte völlig ab. Es folgten zwölf Wochen im Krankenhaus - meine Frau rund um die Uhr dabei, von mir nur wenige Stunden am Tag abgelöst. Dann weitere schwere Monate. Wie durch ein Wunder wurde der Krebs besiegt.

Später blickt man auf diese Zeit zurück wie auf den Weg durch eine tiefe Schlucht. Man denkt an Josef, wie er in der Zisterne gefangen war, ehe die Brüder ihn nach Ägypten verkauft haben. An das Gebet Jonas (2,2-7):

Ich rief zu dem Herrn in meiner Angst
und er antwortete mir.
Ich schrie aus dem Rachen des Todes,
und du hörtest meine Stimme.
Du warfst mich in die Tiefe, mitten ins Meer,
dass die Fluten mich umgaben.
Alle deine Wogen und Wellen
gingen über mich,
dass ich dachte, ich wäre vor deinen Augen
verstoßen ...
Aber du hast mein Leben aus dem Verderben geführt,
Herr, mein Gott!

Als nach vielen Monaten ambulanter Chemotherapie unsere Esther das Krankenhaus hinter sich lassen konnte, machte sie - trotz Skoliose und Korsett - über die letzte Stufe des Krankenhauses einen Freudensprung ins wiedergeschenkte Leben.

Was hat das mit Weihnachten zu tun? Maria, Josef und das Kind gingen auch den Weg durch die Schlucht. Den Weg der Hochschwangeren von Nazareth nach Bethlehem. Die demütigende Herbergssuche unter Pression, die Geburt im Stall. Später die Flucht Hals über Kopf mitten in der Nacht in Richtung Ägypten. Und wie wird es der Asylbewerberfamilie dort ergangen sein? Der Mensch, in dem Gott „in sein Eigentum" kommt, gerät von Anfang an von einer Schlucht in die andere. Ganz zu schweigen von jenem letzten Weg ans Kreuz in die völlige Verlassenheit. Wir sind in den Schluchten unseres Lebens immer mindestens zu zweit. „... denn du bist bei mir" (Ps 23,4).

Zaun und Mauer

Schafherden brauchen Zäune oder, wie man bei ihnen sagt, den Pferch. Gegen Wölfe und anderes Getier, das sonst unter den Schafen wüten würde.

Aber Menschen? Ein Strafgefangener oder ein Kriegsgefangener weiß, was der Zaun, womöglich elektrisch geladen, zwischen Wachtürmen befestigt, bedeutet. Und wie er auf die Psyche einwirkt in einer Zelle, aus der einer nur durch das Gitter den Himmel sieht. Wie viel Sehnsucht nach Freiheit kämpft im Menschen, der hinter Gitter und Zäune gesperrt ist.

Von Zäunen und Gittern umstellt empfinden sich viele Menschen, die mit einer schweren Behinderung leben müssen. Mitbürger machen einen Bogen um sie. Aus Verlegenheit oder weil sie in Eile sind. Ausgemustert fühlt sich ein behinderter Mensch oft, wenn der Chef sich von seiner Pflicht, behinderte Personen mitarbeiten zu lassen, freikauft. Wir leben in einer Segregationsgesellschaft nach dem Prinzip: „Gleich und gleich gesellt sich gern."

Menschen, die aus einer Familie kommen, die einen schlechten Ruf hat, fühlen sich oft über Jahrzehnte in einer Art „Sippenhaft".

Schon Kinder erleben es, dass sich ihre Spielkameraden „auf höheren Befehl“ von ihnen zurückziehen: „Spiel nicht mit den Schmuddelkindern!“

In den „Gate communities“ in Südafrika und in anderen Ländern, in denen die Unterschiede des Einkommens so hoch sind wie die Verbrechensrate, leben Reiche in besonderen Vierteln unter sich. Sie engagieren für sich private Wachgesellschaften, die sie vor dem Einbruch derer schützen, die in Banden auf Raub ausgehen.

Asylbewerber in ihren Notunterkünften, die sie vor der einheimischen Bevölkerung als nicht vertrauenswürdig brandmarken. Man nennt das in der amtlichen Sprache „Anreizminderung“. Einheimische lassen sie nicht „mitspielen“.

Nach dem Zusammenbruch eines Unrechtsregimes grenzt man diejenigen aus, die sich als „Informelle Mitarbeiter“ dem Regime angedient haben. Verständlicherweise. Man will mit dem, der einen bespitzelt hat, nichts mehr zu tun haben. Aber: Soll ihr Weg auf Jahrzehnte verzäunt bleiben? Wir feiern Weihnachten. Die Geburt des Mannes, der die Zäune niederlegt.

Ein engmaschiger Zaun hat zur Zeit Jesu gesetzestreue Juden von den Sündern im eigenen Volk getrennt, die es mit den 630 Ge- und Verboten nicht so genau genommen haben. Man nannte sie abschätzig „am haarez", Landvolk, Leute, die fernab von der heiligen Stadt Jerusalem ihrem Tempelbetrieb und der sozialen Kontrolle der dortigen Schriftgelehrten leben. Mit ihnen konnten und wollten Gesetzestreue nicht essen. Wie demütigend es für einen Menschen ist, wenn der andere in seinem Haus keinen Bissen anrührt, erleben nichtreligiöse Juden, wenn sie einmal von einem gesetzestreuen Besuch bekommen, heute noch.

An Jesus fällt auf, dass er mit den sogenannten Sündern und Sünderinnen isst und dass er damit viel Kritik von Pharisäern und Schriftgelehrten erntet: „Dieser nimmt die Sünder an und isst mit ihnen" (Lk 15,1). Er kehrt beim Zöllner Zachäus ein (Lk 19,1-10). Er führt mit der samaritanischen Frau tiefgründige Gespräche (Johannes 4,5 ff.). Er stellt einen Samariter als Beispiel tapferer, lebensrettender tätiger Liebe vor (Lk 10,29-37). Er missachtet Zäune und lebt nach der Devise „... suchen und seligmachen, was verloren ist" (Lk19,10). Menschen, die vorher durch geradezu „elektrisch" geladene Zäune voneinander getrennt waren, bringt er zusammen.

Durch Jesus fällt auch der Zaun, der Glieder des „erwählten Volkes" der Juden von den Gojim, den Völkern, den Heiden, trennt. Auch der Zaun zwischen freien Bürgern und Menschen, die als Sklaven geboren wurden oder durch finanzielles Unglück in die Schuldknechtschaft hineingerutscht sind. In der Ausstrahlung Jesu fällt auch der Zaun, mit dem Männer ihre Männerherrschaft errichtet und die Frau zu einem Wesen minderen Rechtes gemacht haben. Das alles fasst Paulus in Galater 3,28 in einem Satz zusammen: „Hier ist nicht Jude noch Grieche, nicht Knecht noch Freier, nicht Mann noch Frau, denn ihr seid alle einer im Christus Jesus."

Jesus begründet eine „zaunlose" Gesellschaft und Gemeinschaft. Auch bei uns.

Im Brief an die Epheser (2,13-22) schreibt Paulus, dass Jesus Christus unser Friede ist, der den trennenden Zaun abgebrochen und der beide, Juden und Heiden, versöhnt hat mit Gott und dadurch auch miteinander. So kann er das Evangelium des Friedens ausrufen:

„Friede euch (Heiden), die ihr fern wart, und Friede denen (den Juden), die nah waren.“ Beide haben nun im gleichen Geist Zugang zu Gott dem Vater. Beide sind nun „nicht mehr Gäste und Fremde, sondern Mitbürger der Heiligen und Gottes Hausgenossen“.

Und dennoch sind da Mauern zwischen Menschen
und nur durch Gitter sehen wir uns an.
Unser versklavtes Ich ist ein Gefängnis
und ist gebaut aus Steinen unsrer Angst.

(EG 643,3)

Ein Mensch „mauert“, wenn er fürchtet, der andere könne ihm zu nahe treten. Er könne ihn „in die Pfanne hauen“. Ihm sei nicht über den Weg zu trauen. Wo Mauern hochgezogen werden, da gibt es bald Außenseiter, die zusehen müssen, wo sie bleiben, wenn es kalt wird.

Zum Symbol des Aussperrens wie des Einsperrens wurde die Berliner Mauer. Der 13. August 1961, als sie in einer Nacht- und Nebelaktion in kürzester Zeit gebaut wurde, die befremdliche Art, in der mehrere westliche Machtpolitiker Gleichgültigkeit demonstrierten. „Antifaschistischer Schutzwall“ nannten DDR-Ideologen sie, „Schandmauer“ hieß sie in bundesdeutschen Zeitungen. Dann immer neu die Berichte, wie Fliehende an der Mauer erschossen wurden, wie sich dort erschütternde Szenen abspielten. Dann, am 9. November 1989, der plötzliche Mauerfall, Jubel und Tanz auf der Mauer, als – es war wie ein Wunder vor unseren Augen – die Mauer geöffnet wurde. Und das, ohne dass ein einziger Schuss gefallen wäre.[1]

Gibt es auch Mauern, hinter denen wir uns vor dem Zugriff Gottes schützen? Karl Barth hat in einer gewissen Art von Religiosität die Mauer gesehen, die wir um uns aufbauen, um uns abzuschirmen gegen den lebendigen Gott, der unsere Selbstherrlichkeit aus den Angeln hebt und der die Gehäuse, in denen wir uns eingerichtet haben, zerbricht.

„Mit meinem Gott kann ich über die Mauer springen“ heißt es in Psalm 18,30. Üben wir uns in der christlichen Sportart, über unseren Schatten und so „über die Mauer zu springen“!

Selbst die Mauern Jerusalems, auf die jeder Jude stolz war, wirken im „neuen Jerusalem“, so zeigt es die Vision in Offenbarung 21, geradezu putzig klein. Das „neue Jerusalem“, das von Gott kommt (Offb 21,2), ist ca. 2500 km lang, ebenso breit und - das ist ein Bild! - ebenso hoch. Das heißt, die neue, von Gott geschaffene Gesellschaft hat viel, sehr viel Platz. Nicht umsonst sagt Jesus, in seines Vaters Haus seien viele Wohnungen (Joh 14,2). Die Mauer aber ist nur 140 Ellen, das heißt etwa 70 Meter lang. Dann wirkt sie bei den genannten Größenordnungen der Stadt nur noch wie ein kleines Ornament, das an längst vergangene Zeiten erinnert (Offb 21,25).

Weihnachten, das bedeutet Mauerfall, Tanz auf der Mauer. Die Mauer ist durch Jesus Christus ein für allemal überwunden. Wir können Gott und Menschen ungehindert begegnen in neuer Freiheit.

Leiter

Am Stall von Bethlehem eine hohe Leiter. Sie erinnert an Marc Chagalls Himmelsleitern, wenn er den Traum Jakobs aus 1. Mose 28 zeichnet.

Über diese Geschichte habe ich schon am Heiligen Abend im Gefängnis gepredigt. Denn sie erinnert an eine „Weihenacht“ im Alten

Testament, ca. 1500 Jahre vor der Geburt des Kindes Jesus in Bethlehem.

Jakob listet seinem tölpelhaften Bruder Esau im richtigen Augenblick das Erstgeburtsrecht ab. Er bringt das Recht an sich, die Nummer Eins in der Familie zu sein, der alle anderen sich unterordnen müssen. Nicht genug damit, er betrügt auch den blinden alten Vater Isaak, damit er ihm, in der Meinung, er habe Esau vor sich, den Vatersegen gibt. Das heißt: Jakob will sich selbst zum Hoffnungsträger machen, durch den der Gott der Väter seinen Heilsplan auf Jahrhunderte hin weiterführen soll.

Kann es uns wundern, dass der blinde alte Isaak tief verletzt aufschreit, als er - zu spät - den Betrug merkt? Und dass der betrogene Esau in ohnmächtiger Wut schwört, er warte nur den Tod des Vaters ab, dann werde er den Betrüger Jakob umbringen?

Jakob bleibt nichts anderes übrig, als fluchtartig das Weite zu suchen: Fort! Nur fort! Das hat er sich selbst eingebrockt.

Nach langem ziellosem Irren durch einsame Gebiete sinkt er abends todmüde zu Boden, den Kopf auf einen Stein, er weint sich in den Schlaf.

Was träumt er dann? Den mordlüsternen Esau über sich? Den blind nach ihm schlagenden Vater vor sich? Er träumt über sich den Himmel offen und exakt an dem Ort, an dem er liegt, eine Leiter stehen, die in unendlich weite Fernen reicht, eine Himmelsleiter.

Engel bringen dem Verlassenen die Botschaft, dass Gott ihn keineswegs verlassen hat. Die hinaufeilenden Engel bringen Gott in ihren Händen die Verzweiflungstränen Jakobs. Und der Gott der Väter verspricht dem ungeratenen Jakob, er wolle mit ihm gehen, er werde ihm zu einer großen Familie verhelfen, durch die er sehr viel Heil und Segen wirken werde auf dieser Erde. Und er, Jakob, werde eines Tages wieder in das Land zurückkehren, aus dem er habe fliehen müssen.

Offener Himmel, ein mitfühlender, verstehender Gott, der sich die Sache des schuldig Verzweifelten zu seiner eigenen macht. Die Himmelsleiter ist für das alles das Sinnbild. Sie steht direkt am Stall, nahe bei der Krippe Jesu.

Weihnacht, die Engel über dem Hirtenfeld und mit ihnen die Klarheit des Herrn, das Kind in der Krippe, das heißt, der Vater im Himmel geht mit uns, er spürt unsere Verzweiflung und bringt uns durch alles zum Frieden und Heil. Auch gerade dann, wenn wir auf schuldhaften Irrwegen die Suppe auslöffeln müssen, die wir uns eingebrockt haben. Sein Ziel mit uns ist doch die letzte Heilung.

Kein anderer hat das so deutlich verkörpert als der, der im Stall zur Welt kam. Er selbst ist die Leiter, auf der Gottes dienstbare Geister „herauf- und herabsteigen" (Joh 1,51), um uns zu Hilfe zu kommen. Er ist unsere Direktverbindung zu Gott.

Hoffnung

Der drahtige Mann mit seinen muskulösen Marathonläuferbeinen und seinem Blick in die Ferne erinnert mich an die Hoffnung der Väter und Mütter Israels, vor allem der Propheten. Sie hofften mit wachsender Sehnsucht auf einen, der den Auftrag des erwählten und dadurch notorisch überforderten Volkes Israel in der Völkerwelt wirklich wahrnehmen würde: den Frieden Gottes, Gerechtigkeit, Heil unter die Völker zu bringen.

So ziemlich alle unsere Adventslieder drücken diese Hoffnung aus:

Was der alten Väter Schar
höchster Wunsch und Sehnen war
und was sie geprophezeit,
ist erfüllt in Herrlichkeit.

Zions Hilf und Abrams Lohn,
Jakobs Heil, der Jungfrau Sohn,
der wohl zweigestammte Held
hat sich treulich eingestellt.

Sei willkommen, o mein Heil!
Dir Hosianna, o mein Teil!
Richte du auch eine Bahn
Dir in meinem Herzen an.

Heinrich Held (EG 12)

Auf Abraham trifft die Zusage Gottes: „Fürchte dich nicht, Abram! Ich bin dein Schild und dein sehr großer Lohn" (1. Mose 15,1). Durch ihn und seine Nachkommen will Gott, der Herr, den Völkern Heil bringen. Aber Abraham ist alt und seine Frau Sarah längst über das Alter hinaus, in dem Frauen Kinder bekommen. Dennoch lässt ihn Gott der Herr bei Nacht aus seinem Zelt hinaustreten und den Sternenhimmel anschauen; angesichts der zahllosen Sterne sagt er zu ihm: „So zahlreich sollen deine Nachkommen sein" (15,5).

Wie reagiert Abram darauf? „Abram glaubte dem Herrn und das rechnete er ihm zur Gerechtigkeit" (15,6). Er glaubte, dass Gott, wenn es um seine Heilspläne geht, das Unmögliche möglich macht. So wird er zum Vater der Glaubenden für Juden, Christen und Muslime. Abrahams Lohn ist, dass ca. 1500 Jahre später Jesus zur Welt kommt, durch den Milliarden Menschen zum Glauben an den Gott Abrahams kommen.

Jakobs Heil: Als der alte Jakob seinen Sohn Dan segnet (1. Mose 49,16–18), sagt er schlicht: „Herr, ich warte auf dein Heil."

Der „zweigestammte Held", so umschreibt der Liederdichter Heinrich Held die Formel „wahrer Gott und wahrer Mensch“, mit der schon die frühe Kirche das Mysterium des Wesens Jesu umschrieben hat. Albrecht Goes umschreibt dasselbe viel später mit „Einer von uns, keiner wie wir“.

Das Alte Testament ist voll von Zeugnissen, die zeigen, wie beharrlich die Frommen Israels auf einen Messias und auf sein messianisches Reich gehofft haben.

In Jesaja 9 wird vom lang unterdrückten Volk Israel gesagt: „Das Volk, das im Finsteren wandelt, sieht ein großes Licht, und über denen, die da wohnen im finsteren Land, scheint es hell.“ Dann wird ein lauter Jubel beschrieben. Denn Gott hat „ihr drückendes Joch, die Jochstange auf ihrer Schulter und den Stecken des Antreibers zerbrochen“.

In Jesaja 11 wird ein Messias-König angekündigt, auf dem der Heilige Geist „ruhen“ wird. Anders als bei uns, die wir bestenfalls dann und wann von einem Geistesblitz gestreift werden. Dass der Geist auf ihm ruht, wird ihm ebenso viel Weisheit wie praktischen Verstand geben. Ebenso viel Rat wie Tatkraft, das Gute zu verwirklichen. Ebenso viel Erkenntnis wie Furcht des Herrn. Er wird nicht nur Durchblick haben durch das, was gerade im Staat und in der Völkerwelt „abgeht“, sondern über allem das Wissen darum, dass Gott sich das Heft nicht aus der Hand nehmen lässt und dass wir mit all unserem Tun und Lassen ihm verantwortlich sind.

Diesem weisen Herrscher wird dann die Fähigkeit zugeschrieben, dass er sich durch das Ansehen von prominenten Personen nicht blenden und dass er sich durch rhetorische Feuerwerke von hochbezahlten Staranwälten nicht beeindrucken lässt, vielmehr dass er den Armen und Elenden im Land zum Recht verhilft. Wie das Gewand eines Orientalen durch einen breiten Gürtel zusammengehalten wird, so wird „Gerechtigkeit der Gurt seiner Lenden und Treue der Gurt seiner Hüften sein“. All sein Wesen und Wirken wird dadurch zusammengehalten und bestimmt, dass er Gott gerecht wird und dass er ihm die Treue hält. So wird er auch den Hilflosen gerecht.

Es folgen in Jesaja 11 fantastisch anmutende Aussagen die Wirkung des messianischen Schalom auf die Tierwelt. Im Reich der Erlösung werden Gerechtigkeit und Freiheit durchaus auch das Tierreich wieder in Ordnung bringen. Aus dem Dauerkrieg von Fressen und Gefressenwerden soll ein befreites und befriedetes Miteinander der Tiere untereinander werden. Auch Mensch und Tier werden einander neu als Partner entdecken. Dass die Menschheit sich durch die Art, wie sie die Natur ausbeutet, in eine ökologische Selbstmordfalle begeben hat, das wird von Jahr zu Jahr deutlicher. Heute wie nie zuvor gehört die Vision einer Erneuerung und Befriedung des Verhältnisses zwischen Mensch und sonstiger Kreatur zu den Überlebensvisionen der Menschheit.

Zusammenfassend wird gesagt, dass im künftigen Friedensreich des Messias der Mensch sich in der Fülle unmittelbarer Gotteserkenntnis wohl fühlen wird wie der Fisch im Wasser.

Diese sehnsüchtige Hoffnung auf einen Messias und sein Friedensreich hat sich in Israel durch Jahrhunderte gehalten. Vor allem in zwei Variationen. Weithin populär war die Hoffnung auf einen „Davidssohn", einen Maschiach ben David, der jede Fremdherrschaft aus dem Land vertreibt und dann einen Gottesstaat errichtet, der dabei auch ganz unzimperlich militärische Gewalt einsetzt. Daneben - unpopulär und nur in kleinen Kreisen gepflegt - die Hoffnung auf den Maschiach-ben-Josef, dessen Existenz vom Bild des Gottesknechts in Jesaja 53 geprägt war. Von ihm wird gesagt, dass er die Leiden und Schmerzen des hilflosen Volkes auf sich nimmt, auch die Schuld der Gewalttäter, mit der Wirkung: „... auf dass wir Frieden hätten, und durch seine Wunden sind wir geheilt" (Jes 53,3-5).

Die Spannung zwischen diesen beiden so verschiedenen Messias-Hoffnungen hat das Leben Jesu geprägt, sie hat ihn ans Kreuz gebracht, und sie ist bis heute durchaus nicht gelöst. Der Weitblickende in unserer Weihnachtskrippe scheint auch diese Jahrhunderte und Jahrtausende andauernde Spannung vorauszusehen.

In seinem Korb bringt er fünf Brote, womit er an die Speisung der Fünftausend erinnert, in der Jesus die endzeitliche Heilsgemeinde abgebildet hat, in der jeder an Leib und Seele satt wird. Das Brot, das beim „Mahl des Herrn" - hoffentlich! - Christen miteinander in weiter Ökumene zum messianischen Volk Gottes verbindet.

Ochs und Esel – Tiere an der Krippe

Zwei wichtige Vertreter

„Was finden wir in der Weihnachtsgeschichte des Lukas nicht?“ So lautete im Fernsehen bei einem Prominenten-Quiz mal eine Frage. Als mögliche Antworten wurden angeboten: Herberge, Krippe, Hirten, Ochs und Esel. Keiner der Gefragten hat die Antwort gewusst. Das überrascht nicht. Denn auf unseren Weihnachtsbildern vom Christkind im Stall gehören Ochs und Esel ganz selbstverständlich dazu.

Wie kommen diese tierischen Gesellen auf unsere Weihnachtsbilder? Die offizielle Erklärung finden wir in Jesaja 1,2.3: „Ein Ochse kennt seinen Herrn und ein Esel die Krippe seines Herrn; aber Israel kennt's nicht, und mein Volk versteht's nicht.“

Wollten die alten Meister, wenn sie Ochs und Esel an die Krippe stellten, in antijudaistischer Manier dem „blinden" Israel eins auswischen? Ich denke nicht. Denn das Unverständnis für das, was durch das Kommen Jesu geschah, ist oft genug unser eigenes Problem: Wir verstehen, wir erkennen es nicht, dass in Jesus Christus unser Heil zur Welt kam, dass Gott selbst in ihm einer von uns wurde, dass er sich dadurch unsere Sache zu eigen gemacht und durch ihn Licht in den unaufgeräumten Stall unserer Menschengesellschaft gebracht hat. Wir tappen blind daran vorbei. Sind Ochs und Esel klüger als wir?

Ich deute die Anwesenheit von Ochs und Esel an der Krippe Jesu aber auch so: Mit ihnen stehen zwei Vertreter der Tierwelt in unmittelbarer Nähe zu Jesus. Denn Jesus ist auch der Erlöser der Tiere, wie er der Versöhner und Befreier aller Kreatur und sogar des ganzen Kosmos ist. In Römer 8,19–22 spricht Paulus von einer Schöpfung, die sich ängstet und seufzt unter ihrer Vergänglichkeit. Aber auch davon, dass sie durch Jesus Christus frei werden wird von der Vergänglichkeit zur herrlichen Freiheit der Kinder Gottes.

So sieht es jetzt nicht aus. In Weltklimakonferenzen beraten Vertreterinnen und Vertreter vieler Nationen über ein gemeinsames Vorgehen, um die drohende Weltklimakatastrophe abzuwenden. Diese ist hausgemacht, eine Folge menschlichen Irrens und menschlicher Rücksichtslosigkeit in globaler Dimension. Wird bald eine allgemeine Wende bei den Beratungen herauskommen? Oder bleibt es dabei, dass die Weltbevölkerung im Ganzen zur Umkehr unfähig ist? An der Frage, ob wir durch Gottes Liebe zu seiner Schöpfung klug, bescheiden, maßvoll werden, entscheidet es sich, ob dieser schöne Stern namens Erde unseren Enkelkindern als gesunder Lebensraum erhalten bleibt.

Der nette Junge in unserer Krippenlandschaft bringt einen jungen Esel, offenbar ein kluges Tier, seinen zum Horchen gestellten Ohren nach zu schließen.

In der Bileamsgeschichte (4. Mose 22,20 ff.) ist der Esel viel gescheiter als der bestechliche Prophet, der für eine hohe Gage sich zum Fluch-Event gegen das aus der Wüste anrückende Volk Israel ver-

pflichten ließ. Der Esel sieht den Engel, der Bileam in den Weg tritt. Der Prophet sieht nichts. Erst als nach wütenden Hieben der Esel quasi menschliche Laute von sich gibt, merkt Bileam, dass er es mit dem Engel Gottes zu tun hat.

Wenn auf unserem Bild der Junge einen Esel zur Krippe bringt, dann denken wir vielleicht: Maria und Josef werden ihn bald brauchen zur Flucht nach Ägypten. Oder wir sehen in dem noch jungen Esel das Tier, auf dem Jesus viel später bei seinem Einzug in Jerusalem eingeritten ist, gefeiert und jubelnd begrüßt als der Davidssohn, der der Stadt Heil und Frieden bringt. Der Esel galt ja seit früher Zeit als Reittier des Friedenskönigs.

Wie in Sacharja 9,9 signalisiert der Esel seine messianische Sanftmut, die das Erdreich besitzen wird (Mt 5,5). Wie viel Sehnsucht nach dem Friedensreich, wie viel Hoffnung auf den künftigen Friedefürsten drückt sich in den zahllosen gemalten und geschnitzten Bildern - man denke an Tilman Riemenschneider - vom Einzug Jesu in Jerusalem aus. Im globalen Horizont bringt Friedrich Rückert diese Hoffnung zur Sprache (EG 14,2.6):

O mächt'ger Herrscher ohne Heere,
gewalt'ger Kämpfer ohne Speere,
o Friedefürst von großer Macht!
Es wollen dir der Erde Herren
den Weg zu deinem Throne sperren,
doch du gewinnst ihn ohne Schlacht.

O lass dein Licht auf Erden siegen,
die Macht der Finsternis erliegen
und lösch der Zwietracht Glimmen aus,
dass wir, die Völker und die Thronen,
vereint als Brüder wieder wohnen
in deines großen Vaters Haus.

Was die Bibel über Tiere sagt

In unserer Weihnachtskrippe spielen Tiere eine große Rolle. Warum? Albert Schweitzer hat von der europäischen Philosophie und Kultur einmal gesagt, sie sei wie ein bürgerlicher Salon, Tiere hätten da keinen Zutritt. So ist oft auch unser Bibelverständnis und unser frommes Interesse. Es geht uns meist nur um unser Wohl und Heil. Allenfalls noch ein wenig um das Wohl der Menschheit. Wir nehmen kaum wahr, dass unser Ergehen als Menschen eng verknüpft ist mit dem Ergehen jener unglaublich vielfältigen Kreatur der Tiere, Pflanzen und Mineralien, die Gott in so wunderbarer Fülle und Ordnung geschaffen hat.

Man nennt diese Haltung, in der der Mensch sich als den Mittelpunkt der Welt sieht, Anthropozentrismus. Und es kann uns nicht wundern, dass in einer Zeit, in der täglich etwa 25 Tierarten verschwinden und in der die Menschheit immer rückhaltloser zur Klimakatastrophe beiträgt, die Stimmen derer sich mehren, die sagen, das fortschreitende Elend der Tierwelt, die Dezimierung ihrer Artenvielfalt, rühre vom Anthropozentrismus her. Das westliche Christentum mit seiner Konzentration auf das Heil und das Wohl des Menschen habe ihn befördert und verstärkt.

Die Bibel versteht uns Menschen immer eingebunden in alles, was Gott sonst noch geschaffen hat. Um uns den Horizont für diese Sicht zu öffnen, will ich versuchen, wenigstens einiges, was die Bibel aus der Tierwelt berichtet, aufzuzeigen.[2]

Mensch und Tier erscheinen in der Bibel durchweg in einer Schicksalsgemeinschaft. Dürre, Hungersnöte, Kriegsfolgen trafen beide zugleich (Jer 14,2-6; Hos 4,3; Joel 1,18 ff.). In der Sintflut gehen Mensch und Tier gemeinsam unter. Aber durch die Arche Noahs erhalten Mensch und Tierarten einen Neuanfang des Lebens. In den Noah-Bund (1. Mose 9,9-11) sind die Tiere gleichberechtigt eingeschlossen. Auch mit ihnen schließt Gott ganz unmittelbar seinen Bund. Auch über sie soll künftig keine Sintflut mehr kommen. Ausdrücklich wird dieser Bund Gottes mit den Tieren für die Heilszeit erneuert (Hos 2,20): „Ich will zur selben Zeit für sie einen Bund schließen mit den Tieren auf dem Feld, mit den Vögeln unter dem Himmel und mit dem Gewürm des Erdbodens und will ... alle sicher wohnen lassen."

Schon die Schöpfungsberichte 1. Mose 1 und 2 gehen von einer engen Gemeinschaft zwischen Mensch und Tier aus. Wie der Mensch sind die Landtiere aus Erde geschaffen (1. Mose 2,19), am selben Schöpfungstag (1. Mose 1,24). Beiden wird durch den Odem Gottes das Leben eingehaucht. Beide müssen sie sterben. Immer wieder wird daran erinnert, dass sie gerade dieses Geschick gemeinsam haben (Ps 49,13; Pred 3,19-21).

Nach der ursprünglichen Schöpfungsordnung (1. Mose 1,29 f.) ernähren sich übrigens beide, Mensch und Tier, vegetarisch. Erst nach der Sintflut wird dem Menschen der Fleischgenuss freigegeben (1. Mose 9,3).

Freilich wird der Mensch in der Bibel nicht einfach als ein Tier unter anderen gesehen. Mit seiner Würde als Gottes Ebenbild hat er die Aufgabe, über die Tierwelt eine gewisse Herrschaft auszuüben (1. Mose 1,26-28). Und in Psalm 8,7-9 wird diese Aufgabe bekräftigt: „Du hast ihn (den Menschen) zum Herrn gemacht über deiner Hände Werk, alles hast du unter seine Füße getan: Schafe und Rinder allzumal, dazu auch die wilden Tiere, die Vögel unter dem

Himmel und die Fische im Meer und alles, was die Meere durchzieht." Wobei diese „Herrschaft" ganz im Sinn des Schöpfers und Erhalters geschehen soll, der sich mit der Tierwelt verbündet hat. Wenn der Mensch also die Tierwelt quält, rücksichtslos ausbeutet, ausrottet, ihre Artenvielfalt dezimiert, dann handelt er in seiner Gier nicht nur dumm, dann versündigt er sich an seinem Auftraggeber. Vor ihm ist es Sünde und Schande, wenn der Mensch die Schöpfung an den Rand des Abgrunds bringt.

Diese gebotene Achtsamkeit des Menschen dem Tier gegenüber prägt auch das Recht Israels. Esel und Rind, die wichtigsten Arbeitstiere, genießen einen gewissen Rechtsschutz. Dem Rind darf beim Dreschen nicht das Maul zugebunden werden (5. Mose 25,4). Rind wie Esel haben Anspruch auf Sabbatruhe (2. Mose 20,10; 23,12; 5. Mose 5,14). Gott will auch mit den Tieren seinen Sabbat feiern. Der fürsorgliche Umgang mit den Arbeitstieren wird zusammengefasst in dem Wort Sprüche 12,10: „Der Gerechte erbarmt sich seines Viehs; aber das Herz des Gottlosen ist unbarmherzig."

Auch für die wilden Tiere gibt es im Gesetz Mose Schutzbestimmungen. Wenn ein Feld oder auch ein Ölbaum oder Weinberg im Sabbatjahr, also alle sieben Jahre, nicht abgeerntet werden soll, dann nicht nur, damit die Armen im Volk die Früchte für sich ernten können, sondern auch, damit das Wild auf dem Feld davon satt wird (2. Mose 23,10.11). Dass die Kastration von Tieren (3. Mose 22,24) ebenso wie die Kreuzung verschiedener Tiergattungen (3. Mose 19,19) verboten wird, heißt: Der Mensch soll hegen und pflegen, aber er darf die Schöpfung weder unfruchtbar machen noch selbst Schöpfer spielen. Der Mensch soll um Gottes Willen die Vielfalt der Tierwelt fein achten. Gott hat jedes Tier „nach seiner Art" (1. Mose 1,21) geschaffen. Wenn der Mensch sich als „Designer" oder Neuschöpfer der Tierwelt aufspielt, versinkt er in der Barbarei derer, die auf ihre Fehlleistungen stolz sind, weil sie gar nicht merken, dass sie mit ihrem angeblichen Fortschritt die natürliche Evolution der Kreatur um Jahrtausende zurückwerfen.

Ist das Tier ein beseeltes Wesen? Wenn beseelt sein bedeutet, ein irgendwie geartetes Verhältnis zu seinem Ursprung, zu Gott, zu haben, dann sind Tiere nach biblischer Auffassung durchaus beseelt. Sie rufen in ihrer Not zu Gott, der ihnen hilft (Ps 36,7). Die jungen Raben rufen zu ihm um ihr Futter (Ps 147,9; Hiob 38,41). Die wilden Tiere, wenn die Bäche austrocknen und der Steppenbrand sie vertreibt, schreien in ihrem Hunger zu ihm. Und das Wild des Feldes lobt Gott, wenn er es für sie regnen lässt. Die ganze Kreatur in ihrer Vielfalt wird aufgerufen, Gott zu loben (Ps 148,7-10): „Lobet den Herrn auf Erden, ihr großen Fische und alle Tiefen des Meeres, Feuer, Hagel, Schnee und Nebel, Sturmwinde ... ihr Berge und alle Hügel, fruchttragende Bäume und alle Zedern, ihr Tiere und alles Vieh, Gewürm und Vögel ..." Und obgleich nie verschwiegen wird, dass Raubtiere Menschen auch zur Gefahr werden (1. Mose 37,33; 1.Kön 13,24), dass Füchse Weinberge verwüsten (Hld 2,15), Löwen Herden dezimieren (Hes 34,5-8), finden wir in der Bibel - anders als in den griechischen Sagen - keine Verherrlichung der Jagd.

Umso lieber sieht die Weisheitsliteratur der Bibel in den Tieren „Lehrer" der Menschen. Der Faule soll bei der Ameise lernen, dass sie, obwohl sie keinen „Hauptmann und Herrn" hat, ihr Brot im Sommer sammelt, um im Winter versorgt zu sein (Spr 6,6-9; 30,24). Klippdachse lehren Menschen, ihr Haus in Felsen, das heißt auf festes Fundament, zu bauen. Von Heuschrecken ist zu lernen, dass sie „in Ordnung" ausziehen ohne erkennbares militärisches Kommando. Die Tiere haben ein Gespür für das, was an der Zeit ist. „Der Storch unter dem Himmel weiß seine Zeit, Turteltaube, Kranich und Schwalbe halten ihre Zeit ein, in der sie wiederkommen sollen" (Jer 8,7), im Gegensatz zum Menschen, der nicht weiß, was jeweils dran ist. Und wenn der Mensch vergisst, wer den wunderbaren Kosmos der Tier- und Pflanzenwelt geschaffen hat, dann kann er sich von den Vögeln, den Sträuchern, den Fischen im Meer bezeugen lassen, „dass die Seele von allem, was lebt, in Gottes Hand ist so gut wie das Leben aller Menschen" (Hiob 12,7-10).

Dass Tiere oft Eigenschaften des Menschen überhaupt oder auch besonderer Menschen spiegeln können, davon geht die Bibel ganz unbefangen aus: der Löwe als Symbol des Königs (Spr 30,30; Hes 19,2-9). Der Leopard, der seine Flecken nicht abstreifen kann: So wenig kann der Mensch, der gewohnt ist, Böses zu tun, plötzlich wirklich Gutes tun (Jer 13,23). Er kann ja nicht „aus seiner Haut". Besonders im Hohen Lied stehen Gazelle und Hinde, auch die Taube, für die Geliebte (Hld 2,9.17; 5,2; 6,9; 8,14). Oder: Wie ein Wurm fühlt sich in Psalm 22,7 der Beter, der von seinen Feinden wie von „Stieren, Büffeln, reißenden Löwen, Rotten von Hunden" umringt ist. Die verschiedenen Stämme Israels werden im Jakobssegen 1. Mose 49 mit Wildschwein, Löwe, Esel, Schlange, Hirschkuh und Wolf verglichen. Marc Chagall hat diese Tierbilder in seinen bunten Fenstern in der Hadassah-Klinik in Jerusalem kunstvoll ausgestaltet.

Im Neuen Testament weist Jesus immer neu auf Tiere, von denen Menschen Sorglosigkeit lernen können: „Seht die Vögel unter dem Himmel an ..." (Mt 6,26; Lk 12,24). Schafe, Wölfe, Tauben, Gluckhenne, der Hahn, das Kamel, Hunde, sie alle transportieren Botschaften für den Menschen.

Der Sohn Gottes, nachdem er in der Wüste mit den Versuchungen des Teufels fertig geworden ist, stellt den Schöpfungsfrieden zwischen Mensch und Tier wieder her (Mk 1,12 f.). Folglich haben für den Menschen, der von diesem Frieden herkommt, sogar gefährliche Tiere wie Schlangen und Skorpione ihre Schrecken verloren (Mk 16,18; Lk 10,19).

Und Paulus fasst das Verhältnis der ganzen Kreatur zum Menschen und zu Gott so zusammen, wenn er aufzeigt, wie „das ängstliche Harren der Kreatur wartet, dass Gottes Kinder offenbar werden" (Röm 8,19). Die gesamte Tierwelt wartet voll Sehnsucht darauf, dass der Mensch endlich wieder wird, was er ist: Gottes Ebenbild, auch gerade in seinem Verhältnis zum Tier. Ein Heger und Pfleger im Geist des Schöpfers und Erhalters, einer, der seiner Menschenwürde dadurch gerecht wird, dass er die Würde des Tiers erkennt und schützt. Mensch und Tier vereint in dieser Sehnsucht nach Wiederherstellung ihrer Würde und nach Erlösung von allem, was sie entstellt. So gewiss sie unsere Weihnachtskrippe vereint bevölkern als Geschöpfe, die jedenfalls ahnen, dass sie dieser Erlösung in der Nähe Jesu ganz nahe sind.

Als ich einmal den Christus-Hymnus Philipper 2,6–11 auslegte, fragte mich ein Predigthörer: „Wenn zuletzt ‚alle Zungen bekennen sollen, dass Jesus Christus der Herr sei‘, werden auch die Zungen der Tiere das tun?“ Ich konnte nur antworten: „Ja, gewiss. Sie tun es jetzt schon vielstimmig.“ Und sie laden uns ein, mit unserem ganzen Leben in dieses Loben einzustimmen, wie das in so vielen Weihnachtsliedern wie zum Beispiel „Freu dich, Erd und Sternenzelt ...“ (EG 47) geschieht.

Wofür steht der Widder?

Ein Widder gehört auch in unsere Krippenlandschaft. Mindestens fünf Assoziationen, die der Anblick des Widders auslöst, finde ich in der Bibel.

Die erste Assoziation: Der Widder, das männliche Schaf, wurde sehr häufig als Brandopfer verwendet. Etwa bei der Grundsteinlegung des salomonischen Tempels, die zugleich die Ausrufung Salomos zum künftigen König war. Salomo, immer gern für große Zahlen gut, ließ zu diesem Festakt tausend Widder opfern, die dann freilich in einem großen Volksfest von hungrigen Mäulern verzehrt wurden (1. Chr 29,20-22).

Irgendwann wurden diese Opferorgien den Propheten freilich immer fragwürdiger. „Gehorsam ist besser als Opfer und Aufmerken besser als das Fett von Widdern“ sagt Samuel zu Saul (1. Sam 15,22).

Scharf rechnet Jesaja mit den Versuchen des ungehorsamen Volkes, Gott mit Opferrauch zu benebeln, ab, indem er dem Volk als Wort des Herrn vorhält (Jes 1,10–17): „Was soll mir die Menge eurer Opfer? Ich habe die Brandopfer von Widdern und das Fett von Mastkälbern satt. Das Räucherwerk ist mir ein Gräuel. Wascht euch, reinigt euch, tut eure bösen Taten aus meinen Augen, lasst ab vom Bösen! Lernt Gutes tun, trachtet nach Recht, helft den Unterdrückten, schafft den Waisen Recht, führt der Witwen Sache!“

Der Widder in unserer Krippenlandschaft sagt: Statt kirchlicher Prunk-Events lieber ein leidenschaftliches Eintreten für die Hilflosen!

Die zweite Assoziation: Das Fleisch junger Widder galt als besondere Delikatesse, die sich wohl nur reiche Leute für ihre Partys leisten konnten. Amos wirft das der Oberschicht von Samaria vor, die prasst, während andere hungern: „Ihr esst die jungen Widder aus der Herde ..., spielt Harfe und dichtet Lieder wie David, trinkt schalenweise Wein, pflegt euch mit den teuersten Duftölen, aber ihr kümmert euch nicht um ‚den Schaden Josefs‘“ (Amos 6,4–6).

Der Widder an der Krippe Jesu fragt uns zum Weihnachtsfest, zum „Fest der Liebe“: Was tut ihr für die Leute, die heute hungern?

Die dritte Assoziation: Der Widder erinnert an jene dunkle Geschichte (1. Mose 22), in der Abraham meinte, seinen Sohn Isaak opfern zu müssen. Als Abraham den furchtbaren Auftrag erfüllen und tatsächlich seinen Sohn opfern will, greift ihm der Engel ins Schwert und lenkt seinen Blick auf einen Widder, der im Gestrüpp hängt. Den soll er nach Gottes Willen opfern, nicht seinen Sohn.

Diese Erzählung gilt zu Recht als das Ende aller religiös begründeten Menschenopfer. Hat sie im Lauf der Jahrtausende das Ende der Menschenopfer bewirkt? Wie viele Menschen wurden im Lauf des 20. Jahrhunderts angeblich höheren Zielen, die geradezu religiös verklärt wurden, geopfert? Der Widder in unserer Krippe erinnert uns daran, dass der Gott, der in Jesus ein Kind wurde, nicht will, dass wir auf irgendeinem Altar Menschenopfer bringen, weder auf dem Altar einer Nation noch auf dem der Wissenschaft noch auf dem des Fortschritts.

Die vierte Assoziation: Der Widder - ein Symbol für Jesus Christus. Dazu wurde er in der christlichen Kunst. Natürlich mit Blick auf das Opfertier bei der nicht vollzogenen Opferung Isaaks. Es wird durch diesen Widder das Mysterium der Stellvertretung angedeutet, das im Gottesknechtslied Jesaja 53 zur Sprache kommt: „Die Strafe liegt auf ihm, auf dass wir Frieden hätten, und durch seine Wunden sind wir geheilt." Es ist hier nicht davon die Rede, dass Gott, um sich mit uns Menschen versöhnen zu lassen, das Opfer seines Sohnes brauche. Gott ist nicht Objekt, sondern Subjekt der Versöhnung. „Gott versöhnte die Welt mit ihm selbst" (2. Kor 5,19). Wer unter dieser Voraussetzung lebt, der empfängt einen Frieden, der „höher ist als alle unsere Vernunft", der uns Ruhe gibt mitten im Streit und der uns auch mit denen versöhnt, die uns heute noch nicht über den Weg trauen.

Und schließlich, die fünfte Assoziation, das Widderhorn. Der Klang des Widderhorns, Schofar genannt, leitete den Versöhnungstag, den Yom Kippur (3. Mose 25,9), so gut wie den Neujahrstag (Ps 81,4) ein. Aus ihm kommt das Signal zum Neuanfang, den Gott macht. Und schließlich hat man sich weitergesagt, wenn das Schofar-Horn ertöne, ohne dass ein Fest angesetzt sei, dann sei dieses das Signal: Der Messias ist da!

Zum Teufel mit dem Sündenbock?

Die Ziege war in der Kultpraxis Israels das Opfertier zum Sündopfer (3. Mose 4,23.24). Das heißt, man ging davon aus, dass mit Gottes Hilfe nach diesem Opfer ein Konflikt vor Gott und Menschen wieder in Ordnung kommt.

Ausführlich greift viel später der Hebräerbrief diesen Ritus auf und bezieht ihn auf Jesus Christus, der sein Leben für uns hingab, um uns „eine ewige Erlösung" zu erwerben (Hebr 9,12). Er wird darum „der Mittler des neuen Bundes" genannt.

Noch drastischer ist der Ritus des großen Versöhnungstages, den wir in 3. Mose 16,1–10 finden und von dem unser heutiger Begriff „Sündenbock" herkommt. Am Yom Kippur, sozusagen dem jüdischen Karfreitag, sollte der Hohepriester „von der Gemeinde der Kinder Israel zwei Ziegenböcke entgegennehmen zum Sündopfer". Über die beiden Böcke sollte das Los geworfen, der eine sollte für Gott, der andere für den Wüstenteufel Asasel bestimmt werden. Der für Gott ausgeloste Ziegenbock sollte zum Sündopfer dienen. Der andere Bock sollte „zum Teufel gejagt" werden.

Dieser urtümliche Ritus am Versöhnungstag lässt etwas davon spüren, dass es einen Vorgang zwischen Himmel und Erde gibt, durch den Gott und Mensch, auch wenn sie in einem schwierigen Konfliktverhältnis zueinander leben, miteinander wieder versöhnt werden. Wobei die Initiative zu dieser Versöhnung durchaus bei Gott liegt. Nicht der Mensch kann Versöhnung bewirken, sondern Gott versöhnt uns mit sich und miteinander, indem er in Jesus Christus sich selbst ganz für uns einsetzt.

Mich erinnert der Sündenbock an jene Neigung, die wohl uns allen tief einprogrammiert ist: dass wir bei allem, was uns quer kommt, einen Sündenbock suchen. Diese Neigung kann Familien, Freundschaften, Gemeinden, Kommunen, auch die Völkergemeinschaft zerstören. Die moderne Enthüllungsliteratur lebt von diesem abgründigen Bedürfnis.

Demagogen machen einen Sündenbock aus, dämonisieren ihn, lenken das Wutpotential des Volkes auf ihn, den man dann in irgendeiner Weise „in die Wüste" oder „zum Teufel schickt". Der Antisemitismus der Nationalsozialisten - „die Juden sind euer Unglück" - mit organisiertem „Volkszorn" ist ein Paradebeispiel für diesen Demagogentrick, der dann zu den abscheulichsten Folgen führte.

Jesus hat dieser Sündenbock-Mentalität entschieden entgegen gewirkt, mit der Folge, dass er selbst aus der Heiligen Stadt hinaus „zum Teufel gejagt" wurde, zur Kreuzigung, die als Auslieferung an alle satanischen Mächte galt. „Verflucht ist, wer am Kreuz hängt" (5. Mose 21,22 f.; Gal 3,13). Er hat das auf sich genommen, damit wir umso wacher und kritischer werden gegen alle Sündenbockmechanismen, gegen jedes Feindbild und jede Verteufelung. Wenn wir vor seiner Krippe oder seinem Kreuz knien, immunisiert er uns ein für allemal gegen jede Sündenbockmentalität.

Osterhasen an der Krippe?

Im Umkreis des Stalls von Bethlehem sitzen auch drei Hasen! In der christlichen Kunst gilt der Hase als Gottessymbol. Kommt das aus der Antike in die christliche Bild-Kultur? Plutarch, der einst ägyptischer Priester gewesen war, schreibt, seine Schnelligkeit und Wachsamkeit hätten etwas Göttliches an sich.[3]

Dass der Hase mit Ostern in Verbindung gebracht wird, kommt von seiner Fruchtbarkeit. Ostern gilt als das Fest der Auferstehung fruchtbaren Lebens.

In Dürers Weihnachtsbild „Die Heilige Familie und die drei Hasen" legt ein Hase dem andern das Pfötchen auf die Schulter, er zeigt auf einen dritten, davoneilenden Hasen, der wie eine Art Unterschrift direkt unter Maria mit dem Kind wirkt. Gemeint ist: Der Gottessohn eilt der Erde zu, um ein Menschenkind zu werden.

Was sagen uns die drei Häschen in der Weihnachtskrippe? Mich erinnern sie daran, dass dieser sterbliche Mensch Jesus durch Gottes Kraft von den Toten auferweckt werden wird, um an uns seine Zusage zu erfüllen: „Ich lebe, und ihr sollt auch leben" (Joh 14,19).

Und alsbald krähte der Hahn

Warum kräht ein Hahn an der Krippe Jesu?

„Frühmorgens, wenn die Hähne kräh'n ..." - Wer wie ich auf dem Dorf aufgewachsen ist, der hört den ersten Hahnenschrei am frühen Morgen aus seiner Kindheit herüber. Ein neuer Tag beginnt. „Wach auf, der du schläfst, und stehe auf von den Toten, so wird dich Christus erleuchten" (Eph 5,14), so haben die frühen Christen einander im Gottesdienst begrüßt.

Mit der Geburt Jesu Christi beginnt eine neue Zeitrechnung. Wir leben nach Christi Geburt. Folglich in einer neuen Zeit, in der das Wort aus 1. Johannes 2,8 gilt: „Die Finsternis vergeht, und das wahre Licht scheint jetzt."

Früher konnte man eine evangelische Kirche an ihrem Turmhahn erkennen. Und Eduard Mörike hat ihm ein literarisches Denkmal gesetzt. Ein Wetterhahn, der sein Gefieder nach dem jeweiligen Wind richtet? Eine Kirche, die in ihrem allzu menschlichen Versuch, mit der Zeit zu gehen, sich dem Genossen Trend anbiedert, um allezeit „in" zu sein? Eine solche Kirche würde schnell zur institutionalisierten Belanglosigkeit.

Der Hahn auf dem Kirchturm und in der Weihnachtskrippe erinnert uns an den Hahn in der Geschichte von der Verleugnung des Petrus (Mt 26,69-75) „Jesus? Nie gehört. Ich kenne diesen Menschen gar nicht", so schwur er, als die Situation für ihn eng wurde.

Dann der Hahnenschrei, der ihm durch und durch ging. Er stahl sich hinaus und weinte bitterlich.

Es spricht für Petrus, dass er diese peinliche Geschichte später aus dem Passionsbericht nicht tilgen ließ. Ich stelle mir vor, dass er selbst diese Geschichte in den frühen Gemeinden immer wieder erzählt hat. „Brüder, Schwestern, passen wir auf, dass wir unseren Herrn, wenn's eng wird, nicht verleugnen."

Heute betonen aufgeklärte Menschen gern: „Religion ist Privatsache." Sie wollen damit sagen: Es ist die Entscheidung jedes Einzelnen, woran er glauben will. Natürlich haben sie damit Recht. Nicht Recht hätten sie, wenn sie damit sagen wollten: „Der christliche Glaube ist lediglich etwas für den intimen Winkel." Der Glaube an Jesus Christus ist ein öffentliches Bekenntnis. Zwar wird ein von Christus befreiter Mensch nie jemandem seinen Glauben aufschwatzen. Aber er wird ihn auch vor niemandem verbergen. Er wird frei dazu stehen, in wessen Ausstrahlung er wurzelt.

„Ich kenne diesen Menschen nicht." Jesus hat sich mit den Geringsten seiner Brüder (und Schwestern) geradezu identifiziert. Was wir ihnen getan haben, das haben wir ihm getan(vgl. Mt 25,40). Das heißt: Wenn wir nicht zu seinen geringsten Brüdern und Schwestern stehen, dann stehen wir auch nicht zu ihm.

„Ich kenne diesen Menschen nicht." Diesen fragwürdigen Typen, der mir nur Ärger bringt. Diesen Strafgefangenen oder Strafentlassenen, mit dem ich lieber nichts zu tun habe. Diesen Trinker, Fixer, diesen haltlosen Menschen. Diese, diesen ... Geringsten der Brüder Jesu! Wer seinen hilflosen Nächsten verleugnet, der verleugnet die heilige Liebe Gottes, die sich in Jesus verkörpert und von der wir alle viel mehr leben, als uns das bewusst ist.

Es gibt eine süßliche Gefühlsduselei um das „schönste Kindlein in dem Stalle", die uns täuscht über die Herausforderung, die das Kind in der Krippe für uns bedeutet. Der Hahnenschrei stört diese Krippen-Romantik. Der Christus, der arm und hilflos wurde, macht uns zu Schwestern und Brüdern, die sich mit Wort, Tat und Wesen zu den Hilflosen bekennen. Damit niemand unser Leben auf den Nenner bringen muss: „... und alsbald krähte der Hahn."

Keine Angst vor bissigen Hunden

In der Dichtung - von Homers „Odyssee" bis zu Marie von Ebner-Eschenbachs „Krambambuli" und Thomas Manns „Herr und Hund" - finden wir oft anrührende Schilderungen der Freundschaft zwischen Mensch und Hund. Ein solches Hohes Lied auf einen Hund

finden wir in der Bibel nicht. Es sei denn, wir wollten die Erwähnung des Hündleins, der freundlich den jungen Tobias auf seiner Reise begleitet (Tob 6,1; 11,9) - „so freundlich, wie Tobias Hündlein ist“[4] - zum Hohen Lied der Hundetreue hochstilisieren.

Wo immer sonst der Hund in der Bibel erwähnt wird, dient er als Projektionsfläche all der Eigenschaften, die des Menschen Negativseite ausmachen.

„Stumme Hunde sind sie, die nicht bellen können; sie liegen und japsen und schlafen gern, ... gierige Hunde, die nie satt werden können. Das sind die Hirten, die keinen Verstand haben. Ein jeder sieht auf seinen Weg (gemeint ist: seine Karriere), alle sind sie auf Gewinn aus ...“, heißt es in der Klage des Propheten über die Hirten des Volkes (Jes 56,10 f.).

Mit wilden Paria-Hunden, die sich in Rudeln heulend in der Stadt herumtreiben - „sie geifern mit ihrem Maul, Schwerter sind auf ihren Lippen“ (Ps 59,7) werden bösartige Zeitgenossen verglichen. „Hunde haben mich umgeben, der Bösen Rotte hat mich umringt“, klagt der Beter des Passionspsalms 22 und bittet: „Errette meine Seele vom Schwert, mein Leben vor den Hunden“ (Ps 22,17.21).

In den Geschichten von Gottes Gericht über stolze, frevelhafte Herrscher und ihre Frauen werden Hunde als Leichenfresser dargestellt. Nichts Schlimmeres als die Aussicht, als Leiche ein Fraß gieriger Hunde zu werden (1. Kön 14,10.11; 16,4; 2. Kön 9,36).

Auch im Neuen Testament finden wir kein freundliches Bild vom Hund. Wenn die Hunde die Wunden des armen Lazarus lecken (Lk 16,21), ist das keine Beschreibung einer Bettler-Idylle, sondern Ausdruck seiner erbärmlichen Hilflosigkeit. Er ist total „auf den Hund gekommen".

Irrlehrer werden Hunde genannt (2. Petr 2,22). „Gib Acht auf die Hunde", schreibt Paulus in diesem Sinn (Phil 3,2). Und Jesus warnt: „Ihr sollt das Heilige nicht den Hunden geben und eure Perlen nicht vor die Säue werfen" (Mt 7,6). Hunde und Säue, beide aus der Liste der unreinen Tiere, als Sinnbilder für Menschen, die kein Gespür für das haben, was vor Gott köstlich und heilig ist.

Ein Hund vor dem Stall von Bethlehem. Darf er hinein? Hunde müssen draußen bleiben. Aber bei Jesus ist der Hund so willkommen wie Ochs und Esel, wie Hirten und Weise oder auch Könige. Alle Kreatur, die hoch geachtete oder tief missachtete, wartet auf die Erlösung.

Wer darum weiß, der wird die Partnerschaft zwischen Mensch und Hund pflegen. Und er wird - auch ohne Hundelyrik - sich dankbar freuen an allem, was Hunde uns als Partner und Helfer des Menschen vorleben.

Das klassische Weihnachtsopfertier

Gänse in der Krippenlandschaft. Woran erinnern sie? An die Weihnachtsgans, die in vielen Familien das klassische Weihnachtsopfertier ist? An die Frage, wie es den Gänsen in der Massentierhaltung geht?

Oder an die Frage, was wir einer Wöchnerin schenken? Dann und wann, zum Beispiel in einem Steinportal am Ulmer Münster, fand ich diesen freundlichen Jungen, der der Wöchnerin Maria zur Stärkung eine Gans bringt.

Mir versinnbildlicht in unserer Krippe die Gans, zu der drei kleine Gänslein aufblicken, jene fürsorgliche Mütterlichkeit, der wir alle viel mehr verdanken, als wir uns das üblicherweise klar machen.

Es gibt übrigens gute biblische Gründe, auch von der Mütterlichkeit Gottes oder, wie Zinzendorf, vom „Mutteramt des Heiligen Geistes" zu reden.

Entschleunigung durch das Kamel

Dieses Kamel und besonders sein Gesichtsausdruck erinnert mich an das Wort „... in stolzer Ruhe". Es steht in einer der schönsten Weissagungen auf die messianische Zeit, in welcher der Geist aus der Höhe auf das Gottesvolk ausgegossen wird: „Der Gerechtigkeit Frucht wird Friede sein, und der Ertrag der Gerechtigkeit wird ewige Stille und Sicherheit sein, dass mein Volk in friedlichen Auen wohnen wird, in sicheren Wohnungen und in stolzer Ruhe" (Jes 32,16-18).
„Stolze Ruhe" meint im Mund des Propheten nicht den arroganten Stolz derer, die sich für etwas Besseres halten, vielmehr jenes ruhige Selbstbewusstsein des Menschen, der sich freut, weil er sich in der Liebe eines anderen geborgen weiß. Der Shalom, der in der Christnacht geboren wurde, heilt das zertretene Selbstbewusstsein derer, die im Stresstest ihres Lebens immer ihre Unterlegenheit zu spüren bekommen.

Ähnlich lesen wir bei Jeremia (31,2-4): „So spricht der Herr: Das Volk, das dem Schwert entronnen ist, hat Gnade gefunden in der Wüste; Israel zieht hin zu seiner Ruhe. Der Herr ist mir erschienen von fern: Ich habe dich je und je geliebt, darum habe ich dich zu mir gezogen aus lauter Güte."

Durch Jesus wird diese Zusage allen Menschen gegeben, die mit

Paul Gerhardt sagen müssen: „... da mir das Reich genommen, da Fried und Freude lacht ...“ Ihnen allen gilt Gottes Liebe.

Wir sollen Ruhe finden in ihm, der uns in seinem Heilandsruf (Mt 11,30) sagt: „Lernt von mir, so werdet ihr Ruhe finden für eure Seelen.“

Könnte die selbstbewusste Ruhe dieses Kamels in der Nähe des Christkindes einige Ruhe in unsere vorweihnachtliche Hektik bringen? In den Nahkampf der Hausfrau, die alles recht machen will, wenige Tage vor dem Fest? In die Eile des Pfarrers, der von einer Adventsbesinnung zur anderen hastet? Das Christkind ist schon geboren. Es ist bereits alles Wesentliche getan. Im Umkreis Jesu ist „eine Ruhe vorhanden dem Volk Gottes“ (Hebr 4,9).

Der Vogel als Sinnbild der Seele

Mehr als alle anderen Tierarten dienen in der Bibel Vögel als Sinnbilder des Verhaltens oder des seelischen Ergehens von Menschen. Der Flügellahme beklagt sein Los: „Ich bin wie eine Eule in der Ein-

öde, wie ein Käuzchen in den Trümmern. Ich wache und klage wie ein einsamer Vogel auf dem Dache" (Ps 102,7.8). Einer warnt den anderen vor akuter Gefahr, die ihm durch Leute droht, die ihn gern abschießen wollten: „Flieh wie ein Vogel auf die Berge! Denn siehe, die Gottlosen spannen den Bogen und legen ihre Pfeile auf die Sehnen ..." (Ps 11,1.2).. Und einer stöhnt: „Meine Feinde haben mich ohne Grund gejagt wie einen Vogel" (Klgl 3,52).

Wer in Gefahr ist, von anderen in Sünden verstrickt zu werden, der wird mit einem Vogel verglichen, der ins Netz des Vogelfängers geht: „Mein Sohn, wenn dich die bösen Buben locken, so folge ihnen nicht. Man spannt das Netz vor den Augen der Vögel, doch lassen sie sich nicht warnen" (Spr 1,10-19).

Vogelgezwitscher erinnert an das, was informelle Mitarbeiter tun, wenn sie dem König zwitschern, was wer wann über ihn gesagt hat: „Fluche dem König nicht mal in Gedanken und fluche dem Reichen nicht mal in deiner Schlafkammer; denn die Vögel des Himmels tragen die Stimme fort, und die Fittiche haben, tragen's weiter (Pred 10,20)." Der Besitzgierige wird einem Vogel verglichen, der sich über Eier setzt, die er nicht gelegt hat (Jer 17,11).

Sehr viel schöner ist das Bekenntnis: „Der Vogel hat ein Haus gefunden und die Schwalbe ein Nest für ihre Jungen – deine Altäre, Herr Zebaoth, mein König und mein Gott. Wohl denen, die in deinem Haus wohnen“ (Ps 84,4.5).

Dieses Bild variiert Jesus in seinem Gleichnis von dem Senfkorn, das zu einer großen Staude, schließlich geradezu zu einem Baum wird, so dass „die Vögel unter dem Himmel kommen und wohnen in seinen Zweigen“ (Mt 13,32). Dann offensichtlich auch die Vögel, die als unrein gelten und deren Anblick dem Petrus während seines Mittagsschlafs im Traumgesicht erhebliche Bedenken erregt (Apg 10,12). Ja, sie auch! Die säuberliche Scheidung zwischen Rein und Unrein hebt der im Stall Geborene auf.

Schön auch, wie das Auffliegen von Adlern abbildet, was geschieht, wenn die Hoffnung auf Gott Menschen neu belebt: „Männer werden müde und matt, junge Männer straucheln und fallen. Aber die auf den Herrn harren, kriegen neue Kraft, dass sie auffahren mit Flügeln wie Adler, dass sie laufen und nicht matt werden, dass sie wandeln und nicht müde werden“ (Jes 40,30.31).

Und geradezu faszinierend ist es, wie die Befreiung einer Seele beschrieben wird, die irgendwelchen Zwängen ins Netz gegangen ist: „Unsere Seele ist entronnen wie ein Vogel dem Netz des Vogelfängers. Das Netz ist zerrissen, und wir sind frei. Unsere Hilfe steht im Namen des Herrn, der Himmel und Erde gemacht hat“ (Ps 124,7.8). Der frei fliegende Vogel verkörpert die geschenkte Freiheit des Menschen; aus ihr folgt seine Sorglosigkeit: „Sehet die Vögel unter dem Himmel an; sie säen nicht, sie ernten nicht, sie sammeln nicht in die Scheunen; und euer himmlischer Vater ernährt sie doch. Seid ihr nicht viel mehr als sie?“ (Mt 6,26). Der frei fliegende Vogel kann uns einen Vorgeschmack der Freiheit geben, die uns Christus vermittelt.

Der irdische Jesus traf auf Menschen, die auf verschiedene Weise im Netz gefangen, die tief verstrickt waren: Zöllner in ihrer Geldgier und der damit verbundenen Isolierung. Dirnen im Netz des Menschenhandels. Kranke im Netz ihrer Blindheit, Lähmung, Gehörlosigkeit, Sprachlosigkeit, ihrer geistigen Verwirrung. Gesetzestreue, in deren Formalismus ihre Liebe erstickt war. In ihrem Hass Gefangenen hat er die Freiheit vermittelt, die in den Worten liegt: „Liebet eure Feinde, tut wohl denen, die euch hassen; bittet für die, so euch beleidigen und verfolgen, auf dass ihr Kinder seid eures Vaters im Himmel ..." (Mt 5,44.45). In der Begegnung Jesu mit ihnen spürten sie alle etwas von diesem befreienden Vers: „Das Netz ist zerrissen, und wir sind frei."

Die Vögel haben unter den Geschöpfen Gottes eine besondere Nähe zu dem, was in der Christnacht geschieht. Es ist wohl kein Zufall, dass wir dem Mann, der den Vögeln predigte, Franz von Assisi, die Heilig-Abend-Feier an der Krippe Jesu verdanken. Er und seine Fraticelli haben wohl zum ersten Mal in der Geschichte Europas zum Heiligen Abend eine Krippe aufgestellt, um die Nacht der Christgeburt zu feiern.

Die Vögel gehören zur Krippe Jesu, weil sie mit ihrem freien Flug etwas verkörpern von der herrlichen Freiheit der Kinder Gottes.

Die Friedenstaube und der Heilige Geist

Die junge Frau füttert neben Hasen und Hühnern vor allem Täubchen. Klar, könnte man sagen, das sind die beiden Täubchen, die Maria und Josef, dem mosaischen Gesetz (3. Mose 12) gehorchend, zu „Mariä Reinigung" im Tempel abgaben.

Wenn wir aber in der Taube nur das Opfertier sehen würden, dann würden wir Wesentliches übersehen. Die Taube spielt in der Bibel eine besondere Rolle. Zuerst in der Sintflutgeschichte (1. Mose 8,6-12): Nach vierzig Tagen Sintflut öffnet Noah in der

Arche, in der Mensch und Tier in ausgewählten Vertreterinnen und Vertretern überlebt haben, ein Fenster. Er lässt einen Raben hinaus, um zu testen, ob er Land finde. Der Rabe flattert nur unsicher hin und her. Der Test zeigt: Es ist noch kein Land und keine neue Zukunft für die Kreatur Gottes in Sicht. Einige Zeit später lässt Noah eine Taube hinausfliegen. Auch sie findet noch kein Land. Sieben Tage später sendet er noch einmal eine Taube aus. Sie bleibt stundenlang fort. Die Spannung ist groß. Als sie am Abend wieder im offenen Fenster der Arche landet, trägt sie ein Ölblatt im Schnabel, das untrügliche Zeichen, dass es draußen wieder Land, mehr noch, dass es grünes Leben gibt. Nach weiteren sieben Tagen lässt Noah eine dritte Taube steigen. Diese kam nicht wieder. Viel zu schön war die neu aufgetauchte Erde, als dass die Taube diese mit der stickigen Enge der Arche vertauscht hätte.

Die Taube mit dem Ölblatt - Picasso hat sie eindrücklich gezeichnet - ist seither das elementare Hoffnungszeichen dafür, dass Gott zu seiner Menschheit steht und dass auch nach der Katastrophe der Sintflut das Leben siegt.

Dazu passt es, dass die Taube in der Liebeslyrik des Hohen Liedes (2,14, auch 5,2; 6,8.9) das Sinnbild der innig Geliebten ist:

Meine Taube in den Felsklüften,
im Versteck der Felswand,
zeige mir deine Gestalt,
lass mich hören deine Stimme;
und deine Gestalt ist lieblich.

Die Taube, Sinnbild der Liebe und Treue Gottes zu Mensch und Tier, sieht Jesus im Geist auf sich herabfahren. So kommt der Geist Gottes über ihn. Er hört das Wort: „Du bist mein lieber Sohn, an dir habe ich Wohlgefallen“ (Mk 1,9-11).

Wir können Jesus und den Heiligen Geist nie nah genug zusammen sehen. Paulus drückt diese engste Verbundenheit einmal so aus (2. Kor 3,17): „Der Herr ist der Geist.“ Und er folgert daraus: „Wo aber der Geist des Herrn ist, da ist Freiheit.“

Solange wir in der Nähe Jesu bleiben, werden wir nie „von allen guten Geistern verlassen“, unfrei und geistlos dahinvegetieren. Immer dürfen wir damit rechnen, dass er uns den Parakleten, den Beistand oder Tröster, senden wird (Joh 16,7), der uns in alle Wahrheit leitet (Joh 16,13). Zwar bleiben uns Irrungen und Wirrungen nicht erspart. Aber: Er holt uns immer wieder aus unseren Holzwegen zurück und setzt uns erneut auf die Spur, die der Liebe angemessen ist, in der Gott durch Jesus Christus die Welt und uns alle liebt.

Im Zeichen des Jona

Erinnert Sie dieses merkwürdige Wurzelungetüm, aus dem Schafe und Lämmer, neugierig um sich blickend, ans Licht kommen, nicht auch an das, was Jesus in Matthäus 12,40 „das Zeichen des Jona“ nennt? Sein eigenes Geschick, sein Sterben und Auferwecktwerden nach drei Tagen vergleicht er mit dem, was dem Propheten Jona geschah: ein Verschlungenwerden vom Tod, ein lebendiges Begrabensein in der Gottes- und Menschenferne und ein Auferwecktwerden zu neuem Leben.

In das nimmt er uns mit hinein. Unser Leben als Christen – das Unter- und Auftauchen im frühchristlichen Taufritus erinnert uns daran – ist ein ständiges Sterben und Auferwecktwerden. Ein Sterben vor allem unserer eigenen Gerechtigkeit, an der wir, je älter wir werden, desto gründlicher verzweifeln. Ein Erleben der Wüsten der Gottesferne und der Ferne von allen Menschen. Und dann wieder die österliche Neugeburt unseres Lebens wie bei einem Menschen, der nach langer Todesnacht geheilt aus dem Krankenhaus entlassen wird. Ein neu geschenktes Selbstbewusstsein, das seine Selbstgewissheit ganz aus der Nähe des österlichen Christus bezieht. Eine neu geschenkte Gottesnähe. Eine neue Geschwisterlichkeit, die sich ganz der göttlichen Liebes-Initiative verdankt, die Jesus Christus verkörpert, der uns untereinander zu Freunden macht. Auch ein neues, mutiges Zugehen auf Menschen, die bisher noch nicht von dieser Bewegung des Christus erfasst sind. Auch sie sind potentielle Christen, da der Auferstandene unterwegs ist zu den verschiedensten Leuten.

In der Christgeburt im Stall wird das alles bereits angedeutet. Und die frühen Christen haben gut daran getan, die Weihnacht auf die Zeit der Wintersonnenwende zu legen, in der die Nacht wieder kürzer und der neue Tag wieder länger wird.

So gehen Christen aus allem, was nachtdunkel ist, in eine neue Zeit, in der das Licht Jesu Christi die Finsternis vertreibt. Im persönlichen Leben. Und, trotz allem, was dagegen spricht, auch im Leben der Völker. Bis hin zum Leben aller Kreatur, in der jenes österliche Leben von Jahr zu Jahr überschwänglich gefeiert wird.

Hirten, Schafe und wir – Eine Schicksalsgemeinschaft

Miteinander an der Krippe Jesu

Menschen und Tiere: miteinander an der Krippe Jesu. Wir gehören alle zusammen. Schafe, Lamm und der Esel, der seine Ohren wie Windmühlenflügel über dem Jesus-Kind stellt, samt dem Ochsen, der wie eine wärmende Masse sich ungeniert neben dem heiligen Kind ausgebreitet hat.

Von Kind auf stellte man uns die Frage: Was unterscheidet uns Menschen von den Tieren? Es wäre an der Zeit, dass wir uns die Frage stellen: Was verbindet uns mit ihnen? Im Stall, an der Krippe Jesu, spüren wir, wie sehr wir aufeinander angewiesen sind. Das verändert unseren Umgang mit den Tieren.

Ein schwäbischer Pietist, Christian Adam Dann, hat im Jahr 1822 die Schrift „Bitte der armen Thiere, der unvernünftigen Geschöpfe, an ihre vernünftigen Mitgeschöpfe und Herren, die Menschen“ verfasst. Sie beginnt mit dem Satz: „Schon lang lag mirs im Gemüthe,

eine Fürsprache für die Thiere, die unter uns leben, bey meinen Mitmenschen einzulegen und gleichsam der Mund dieser stummen und doch empfindenden Geschöpfe zu seyn, durch die ihre gerechte Klagen an alle diejenigen gebracht werden könnten, unter deren Gedankenlosigkeit und Unwissenheit, oder Leichtsinn und Bosheit sie so unaussprechlich viel und so unschuldig zu leiden haben."

Er zählt auf, was er an Tierquälerei in seiner Zeit erlebt, um dann dagegen das Harren der Kreatur nach der Offenbarung der herrlichen Freiheit der Kinder Gottes zu setzen (Röm 8). Wie J. G. Herder konstatiert er: „Gott ist Liebe, Licht und Leben. Welch ein erfreulicher Gedanke! So werde also nicht nur ich an der neuen Schöpfung Antheil haben, sondern auch neben mir unzählige Geschöpfe. Nicht nur meine Klagen und Seufzer werden in frohen Jubel verwandelt werden, sondern auch die übrige Kreatur wird zu einer vergnüglichen Freiheit gelangen."
Der bekannte Liederdichter Albert Knapp hat diese Gedanken aufgenommen und dann im Jahr 1838 in Stuttgart den ersten Tierschutzverein gegründet.

An der Krippe Jesu wird uns die Scheu genommen, uns zu unserer Verwandtschaft mit den Tieren zu bekennen. Dann werden wir auf dem Weg zu dem Gottesreich, das „allem Fleisch" zugutekommen wird, nicht mehr Bremsklötze sein, sondern Vorboten werden.

Wenn das bedacht ist, dann spüren wir auch die Schönheit dieses Bildes. Hirten und Schafe, zusammen mit Maria und Josef, beten an, wohl ohne Worte. Ein warmes Licht macht sie schön und sagt mehr, als Worte sagen können. Was bedeutet es für uns, wenn Gott selbst uns in diesem warmen Licht sieht? Und wenn wir einander in diesem warmen Licht erkennen!

Das Hirtenamt aller Glaubenden

Hirten spielen in der Weihnachtsgeschichte wie in den Weihnachtsliedern eine große Rolle. Was sagt die Bibel über Hirten?[5]

Es gab in Palästina zur Zeit der Erzväter Abraham, Isaak und Jakob vor allem zwei Möglichkeiten, menschliches Leben zu erhalten:

Entweder man hatte und pflegte Herden oder man besaß und bewirtschaftete Äcker. Hirten und Ackerbauern standen einander gegenüber und ergänzten sich.

Verständlich, dass es zwischen den Hirten verschiedener Herdenbesitzer oft zum Streit kam um die besten Weideplätze und Wasserstellen (zum Beispiel in 1. Mose 13,5-8; 21,25-32; 26,12-32). Das Wasser war knapp. Und selten gab es Herdenbesitzer wie Abraham, der dem Neffen - und Konkurrenten - Lot die freie Wahl der Weidegründe ließ: „Willst du zur Linken, so will ich zur Rechten, oder willst du zur Rechten, so will ich zur Linken" (1. Mose 13,9).

Was waren die Aufgaben der Hirten? Sie hatten die Herden zu pflegen, ihrer Dezimierung durch Viehräuber, wilde Tiere und Krankheiten zu wehren. Und sie hatten für deren Vermehrung zu sorgen. Vor allem zum frischen Wasser hatten sie die Herde zu führen (Ps 23,2 f.). Am Abend musste der Hirt die ihm anvertrauten Schafe in die Hürde, das heißt in einen mit festen Steinmauern geschützten Innenraum, da und dort auch in einen Herdenturm, führen, damit sie die Nacht dort verbringen.

Als Arbeitsgeräte standen dem Hirten der Stab zur Verfügung, mit dem er die Herde leitete (Ps 23,4), dazu ein an der Spitze mit Asphalt gehärteter Stock (der Stecken von Ps 23,4); die Steinschleuder (1. Sam 17,40); eine Provianttasche, die auch als Köcher für scharfe Schleudersteine dienen konnte. Wohl auch eine Flöte; es war bekannt, dass Schafe sich durch Klänge leiten lassen.

In der ganz frühen Zeit haben die Herdenbesitzer mit ihren Söhnen und Töchtern die Herden selbst geweidet. Als die Herden dann immer größer wurden, mussten sie Lohnarbeiter - Mietlinge (Joh 10,13) - einstellen. Zweifellos gab es viele redliche Hirten, die sich für ihre Herden verantwortlich wussten. Daneben freilich andere, für die das nur so ein Job war. Dabei auch ausgesprochen schlitzohrige. Wenn Hesekiel über solche Hirten schreibt, denen die Herde nicht gehört, meint er gewiss mehr die Hirten im übertragenen Sinn. Er könnte es aber nicht schreiben, wenn nicht ganz reale Erfahrungen mit Schaf- und Ziegenhirten dahinter stünden. Er wirft ihnen vor, sie würden nicht die Schafe, sondern sich selbst weiden. „Das Schwache stärkt ihr nicht und das Kranke heilt ihr nicht, das Verwundete verbindet ihr nicht, das Verirrte holt ihr nicht zurück und das Verlassene sucht ihr nicht; das Starke aber tretet ihr nieder mit Gewalt. Meine Schafe sind zerstreut, weil sie keinen Hirten haben, sie sind allen wilden Tieren zum Fraß geworden ... niemand ist da, der nach ihnen fragt oder auf sie achtet“ (Hes 34,2-6). Sacharja wirft ihnen vor, dass sie Schafe, die ihnen nicht gehören, an die Schlächter verkaufen und dabei in die eigene Tasche wirtschaften (Sach 11,4.5). Ähnlich kritisch äußert sich Jesus, der zeigt, wie der Mietling flieht, wenn der Wolf kommt, da ihm die eigene Haut lieber ist als das Leben der Schafe (Joh 10,12 f.).

Die Propheten messen die politischen Führer Israels sehr kritisch am Bild des rechtschaffenen Hirten (vgl. Jes 56,9-12). Je deprimierender die Erfahrungen mit den Hirten Israels wurden, desto sehnlicher die Hoffnung auf einen wirklich guten Hirten, mit dem eine Heilszeit für das Volk anbricht. Als Antwort auf diese Sehnsucht folgt die Zusage (Hes 34,15.16): „Ich selbst will meine Schafe weiden, und ich will sie lagern lassen, spricht Gott der Herr. Ich will das Verlorene wieder suchen und das Verirrte zurückbringen, das Verwundete verbinden, das Schwache stärken und, was fett und stark ist, behüten! Ich will sie weiden, wie es recht ist.“

Immer deutlicher wird dieses Bild des guten Hirten auf einen künftigen Messias übertragen, einen davidischen Heilskönig (Hes 34,23 f.): „Ich will ihnen einen Hirten erwecken, der sie weiden soll, meinen Knecht David. Der wird sie weiden und wird ihr Hirte sein, und ich, der Herr, will ihr Gott sein.“

Jesus spürte stark die Not des Volkes, dem ein wirklicher Hirte fehlt. Als er das Volk sah, „jammerte ihn desselben, denn sie waren wie Schafe, die keinen Hirten haben“ (Mk 6,34). Vom Menschensohn, also von sich selbst, sagt er, er sei „gekommen, zu suchen und selig zu machen, was verloren ist“ (Lk 15,10). Im Gleichnis vom Hirten, der das verlorene Schaf sucht, findet und mit Freuden auf seiner Schulter zur Herde zurückträgt, verdeutlicht er dieses Wort (Lk 15,4-7). In der Rede vom guten Hirten (Joh 10) zeigt er ausführlich seine Hirtenfunktion: „Der gute Hirte lässt sein Leben für die Schafe ...

ich kenne die Meinen und bin bekannt den Meinen ... Meine Schafe hören meine Stimme, und ich kenne sie, und sie folgen mir, und ich gebe ihnen das ewige Leben, und sie werden nimmermehr umkommen, und niemand wird sie mir aus meiner Hand reißen."

In der Apostelgeschichte und in den apostolischen Briefen werden dann immer wieder Menschen, die im Auftrag des guten Hirten die Gemeinde betreuen, als „Hirten" bezeichnet, etwa in Epheser 4,11: Christus ist der Erzhirte, er hat „etliche zu Hirten" bestellt. Besonders zur Wachsamkeit gegenüber „Wölfen, die die Herde nicht verschonen werden", mahnt Paulus in seinen Abschiedsreden in Milet (Apg 20,28–31) die zurückbleibenden Gemeindeleiter. Und in 1.Petrus 5,2–4 sagt den Ältesten der Gemeinde ihr Mitältester: „Weidet die Herde Gottes, die euch anbefohlen ist, nach Gottes Willen, nicht gezwungen, sondern willig, nicht um schändlichen Gewinnes willen, sondern von Herzensgrund; nicht als die über die Gemeinde herrschen, sondern werdet Vorbilder der Herde."

Warum wird in der Weihnachtsgeschichte Lukas 2,8 ff. den Hirten – ihnen zuerst! – die Botschaft von dem Christus, dem Heiland, gebracht? Obgleich Hirten damals eher als Menschen galten, die fern vom Glauben und den Hoffnungen des Gottesvolkes lebten?

Ein kleiner Hinweis ist mir die Reihenfolge der beiden Gleichnisse vom Schatz im Acker (Mt 13,44) und von der köstlichen Perle (Mt 13,45 f.). Zuerst findet der Landarbeiter, der nichts gesucht und der nur seine schwere Arbeit getan hat, den Schatz. Dann erst findet der Perlenkaufmann, der immer schon da und dort, auch in fernen Ländern, „gute Perlen suchte", die eine köstliche Perle. Gott lässt sich finden, zuerst von den Hirten, dann von den Weisen aus dem Morgenland, die ihn auf weiten Wegen gesucht haben.

Noch Eines: Wenn Hirten zu dem neugeborenen Heiland und guten Hirten geführt werden und vor ihm knien, dann will ich das auch so bedenken, dass die vielen, die heute ein Hirtenamt ausüben, an die Krippe Jesu geführt werden. Ich zähle dazu keineswegs nur Pfarrerinnen und Pfarrer, Gemeindeälteste, Jugendreferenten, Diakoninnen, Jungscharleiter, Mitarbeiterinnen in der Kinderkirche – „Weide meine Lämmer!“ –, sondern ebenso auch Mütter, Großmütter, Väter, Lehrlingsausbilder, Lehrer/innen, Gefängnisdirektoren, Sozialarbeiter/innen, Heimleiter/innen, Betriebsleiter, Amtschefs, Bürgermeister/innen, kurzum, jeden Menschen, der die Aufgabe hat, sich für andere Menschen einzusetzen und für sie Verantwortung zu übernehmen. Es gibt nicht nur ein „Allgemeines Priestertum aller Glaubenden“, es gibt auch ein „Allgemeines Hirtentum aller Glaubenden“. Was bedeutet es, wenn Menschen, die sich tagaus tagein im „Allgemeinen Hirtentum“ abmühen, dem guten Hirten begegnen?

Schafe und Lämmer

Wer will schon ein Schaf sein? Wenn einer von „Pfarrern und ihren Schäflein“ schreibt, dann spürt man zwischen den Zeilen Geringschätzung, als handle es sich gewiss um ein Verhältnis der Bevormundung und Entmündigung. Nenne ich jemanden einen „Schafskopf“, dann erfülle ich den Tatbestand der Beleidigung.

Warum dann in der Bibel das Schaf als Abbild des Menschen? Gibt es besondere Eigenschaften an Schafen, die an uns Menschen erinnern?

Das Schaf lebt mit der Nase am Boden, ist mit seiner Nahrungssuche beschäftigt. Wir Menschen reden gern vom „aufrechten Gang“, von unserem Weitblick. Faktisch aber sind wir ständig mit unseren ganz alltäglichen Überlebenssorgen wenige Zentimeter über dem Boden beschäftigt, mit Essen, Trinken, Kleidung, unserem und unserer Kinder Fortkommen, dem täglichen Kleinkrieg der Pflichten.

Das Schaf ist hilflos. Ihm fehlen ein Raubtiergebiss, scharfe Krallen, Hufe, mit denen es austeilen könnte. Wir Menschen mögen uns zwar gegen unsere Artgenossen zu helfen wissen; aber letztlich hängt uns von der Wiege bis zur Bahre doch eine gewisse Hilflosigkeit an. Spätestens beim Sterben fällt auch der Stärkste in diese Hilflosigkeit zurück.

Schafe sind Herdentiere. Wir Menschen natürlich nicht. Darauf legen wir Wert. Aber auch wir Menschen können nur in der Gemeinschaft mit anderen Menschen überleben. Bei Schaf und Mensch

ist es für die Lebensqualität sehr entscheidend, ob die Gesellschaft, in der wir leben, eine wirkliche Gemeinschaft ist oder eine „schöne Gesellschaft“.

Schafe brauchen den Hirten. Eine Schafherde ohne Hirte ist nicht denkbar. Wir Menschen wollen und sollen selbstständig sein, aufwachen zur Selbstbestimmung. Und doch brauchen wir im Innersten den Hirten, der uns ein wirkliches Gegenüber ist. Ich meine damit nicht eine klerikale Hierarchie, die eine angeblich geistliche Herrschaft ausübt. Sie könnte dieses wirklich hilfreiche Gegenüber nur verstellen. „Ihr seid teuer erkauft, werdet nicht der Menschen Knechte“, sagt Paulus (1. Kor 7,23). Wenn Menschen einander bevormunden, dann ist das immer entwürdigend. Wir brauchen ein verstehendes, aufbauendes und befreiendes Gegenüber.

Schafe haben ein sehr feines Gehör. Der Stimme eines Fremden, und sei er ein noch so gewandter Stimmenimitator, folgen sie nicht. Wenn zwei Hirten tagsüber ihre beiden Herden miteinander weiden lassen und am Abend die beiden Herden doch wieder voneinander scheiden sollen, dann ist das für sie kein Problem: Sie postieren sich rechts und links der Herde, rufen ihre Schafe zu sich. Diese folgen der Stimme ihres Hirten. Denn sie erkennen diese am Klang.

Wenn wir Menschen diesen unverletzten Instinkt noch hätten, mit dem wir unfehlbar die Stimme Jesu Christi von anderen Stimmen unterscheiden könnten! Jesus verspricht uns in seinen Abschiedsreden den Beistand, den Geist (Joh 14,16), damit an uns wahr wird, was Jesus sagt: „Meine Schafe hören meine Stimme“ (Joh 10,27). Im Mai 1934, bei der Theologischen Erklärung von Barmen, war das das große Thema, auf welche Stimme gehört wird. Es ging damals um die immense Verführung durch die NS-Ideologie, Rassenwahn, Herrenvolkdenken, Kriegstreiberei, Verherrlichung des Deutschtums, Führerprinzip im Staat und in der Kirche. Die Frage, ob Jesu Schafe nun wirklich seine Stimme hören oder ob sie sich von diesen anderen Stimmen bezirzen lassen, war die Lebensfrage sowohl für den einzelnen Christen wie für die Gemeinde Jesu. Die Existenz der Kirche stand auf dem Spiel und darüber hinaus die Frage, ob Christen künftig zu den unerhörten Verbrechen, die nun geschehen würden, zustimmend schweigen oder ob sie von Jesus Christus her das rechte, das mutige Wort wagen würden. Davon, ob wir wirklich die Stimme Jesu hören und sie nicht verwechseln mit anderen Stimmen, hängt auch heute noch unsere christliche Existenz ab.

Warum wird in der Bibel das Schaf, besonders das Lamm, zum Sinnbild Jesu Christi? Es soll auf das Mysterium des stellvertretenden Leidens Jesu Christi hinweisen. Es ist Ausdruck von Gottes Leiden an dem, was Menschen kaputtmacht und womit sie einander kaputtmachen. Zugleich Ausdruck der Bereinigung und Bewältigung der Schuld jedes Menschen mit dem Ziel, das Luther in seinem Kleinen Katechismus so ausdrückt: „... damit ich sein eigen sei und in seinem Reich unter ihm lebe und ihm diene in ewiger Gerechtigkeit, Unschuld und Seligkeit.“

Dieses Mysterium des Heils deutet Johannes der Täufer an, wenn er über Jesus sagt: „Siehe, das ist Gottes Lamm, welches der Welt Sünde trägt“ (Joh 1,29). Dass Jesus nach Johannes 18,28; 19,14.31 am Passahtag zur Zeit der Schlachtung der Passahlämmer gekreuzigt wurde, unterstreicht diesen Zusammenhang.

In den Glauben der frühen Gemeinden hat sich infolgedessen das Sinnbild Christus als „das Lamm, das getötet wurde“ tief eingeprägt.

In der Offenbarung des Johannes finden wir die Bezeichnung Jesus als Lamm Gottes gleich 28 Mal.

Bis zum letzten Kapitel hält die Offenbarung des Johannes fest an dem Bild, dass auf dem Thron, auf dem die Weltgeschichte zur letzten Erlösung vorangebracht wird, „das Lamm" sitzt, das heißt der Christus, der das Opfer der Weltgeschichte, des Aufstandes der Menschheit gegen Gott, wurde. „Der König aller Könige und Herr aller Herren" (Offb 17,14) ist also nicht eine Art übermenschlich-allzu menschlicher Superkönig, keine Überhöhung dessen, was in dieser Welt sich als Herrscher aufspielt, sondern er ist die völlige Alternative zu allen, die einander den Herren zeigen. Setzen die Herren dieser Welt bedenkenlos Menschleben für ihre Macht ein, so setzt dieser so ganz andere Herr sein Leben für das Heil und Leben der Menschen ein. Anders gesagt: Die sich total verausgabende, hingebende Liebe hat das letzte Wort im Drama der Weltgeschichte. Sie hat schließlich allein die Macht. Die Welt wird zuletzt nicht zum Teufel gehen, sondern sie wird eingehen in die Sphäre jener unbedingten Liebe, die aus dem Tod zum Leben erlöst.

Das feiern wir schon an Weihnachten. Die vielen Schafe und Lämmer in unserer Krippenlandschaft erinnern auch daran, dass der Christus, der im Stall geboren ist, durch alle blutigen Widerstände jene Liebe zum Ziel führt, deren Wiedergeburt wir in der Christnacht feiern und die uns zum vollen Leben befreit.

Welche Nahrung braucht die Seele?

Eines Tages lernte ich die Drusin Aischa kennen, eine auffallend kluge Frau, die auf dem Karmel wohnt. Die Drusen sind eine religiöse Gruppierung, die besonders im Libanon und in Israel zu finden ist. Sie sehen ihre Wurzeln bei Jethro, dem Schwiegervater des Mose. Vermutlich aber ist ihre Gruppierung im 11. Jahrhundert aus dem Islam heraus entstanden.

Mit Aischa gingen meine Frau und ich über eine Wiese. Sie zeigte uns die verschiedenen Gräser, die hier wachsen, gab uns Kostproben, die wir zerkauten, um ihr Aroma zu schmecken. Uns wurde bewusst: Eine Wiese ist ein Kosmos von Genüssen. Es muss uns kein Schaf leid tun, dass es tagaus tagein immer dasselbe zu fressen bekommt. Im Gegenteil, der Tisch für ein Schaf ist auf einer ganz normalen Wiese reich gedeckt.

Und doch brauchen einzelne Schafe zu gewissen Zeiten zu ihrer Grundnahrung noch Zusatzstoffe: Lämmer, deren Wachstum sich verzögert. Oder ein Schaf, das sich irgendwo eine Krankheit geholt hat.

Der Hirte, den wir hier mit seinem vollen Korb und dem Wanderstab sehen, bringt solche Sonderkost vom Berg herunter. Und die beiden Hirten, die sich jeweils zu einem einzelnen Schaf herunterbeugen, um es besonders zu nähren, wie sorgsam tun sie das. Ist es ein besonderes Salz, das der eine in seinem tellerartigen Gefäß bietet? Und besitzt der andere Hirte in seinem Trinkgefäß einen besonderen Heilsaft, den er aus Kräutern und Beeren zubereitet hat?

Wie ernähren wir Menschen unseren Geist und unsere Seele? Müllen wir uns wahllos zu, optisch, akustisch, mit was auch immer? Kann das ein Mensch auf die Dauer verarbeiten? Verträgt das eine Psyche? Je wählerischer wir heute im Blick auf das Essen werden, desto wahlloser im Blick auf das, was uns optisch oder akustisch geboten wird.

Tun wir unseren Kindern etwas Gutes, wenn wir es ihnen möglich machen, sich vollends alles „reinzuziehen“? Vom Killerspiel bis zum Horrorszenario? Wird ein Kind wirklich zur Freiheit erzogen, wenn es überschüttet wird mit den verschiedensten Eindrücken? Oder überfordern wir damit unsere Kinder heillos?[6]

Hirtenverantwortung wahrnehmen bei Kindern bedeutet: sich sehr wohl darüber Gedanken machen, mit welchen Eindrücken in welchem Alter wir unsere Kinder konfrontieren. Ein Gleichgültigkeitsliberalismus fördert bei unseren Kindern nicht ihre Entwicklung zu freien, selbstverantwortlichen Menschen.

Scheren, nicht schinden

Johannes Brenz, der von 1522 bis 1548 Hall und Umgebung und nach dem Interim ab 1552 die Kirche und das Schulwesen im Herzogtum Württemberg reformiert hat, war ein Mensch mit wachem politischem Gespür.

Vor dem Bauernkrieg hat er wie Martin Luther die Mächtigen ermahnt, ihre leibeigenen Bauern nicht wie bisher mit neuen Forderungen auszubeuten. Als dann der Bauernkrieg auch das hällische Gebiet erreichte, bekamen es die Haller Stadtadeligen sehr mit der Angst zu tun. Kaum war der Aufstand der Bauern kläglich gescheitert, da hielten die Sieger umso selbstgerechter und grausamer Gericht über die Bauern. Sofort trat Brenz ganz für die Bauern ein. Sie hätten genug gelitten. Die Obrigkeit habe sie zu ihrem Aufstand pro-

voziert. Sie sollten jetzt nicht so gerecht tun, die Obrigkeit liege „im selben Spital krank, sie habe auch nit allewege Seide gesponnen". Die Sieger sollten jetzt wie einst David nach dem Aufstand seines Sohnes Absalom zeigen, dass das Volk an seiner Obrigkeit „nicht Wölfe, sondern Hirten und Väter" habe[7].

Brenz konnte mit seinem mutigen Eintreten viele Todesurteile verhindern. Aber nun verlegten sich die Stadtadeligen darauf, durch Reparationsforderungen die Bauern umso härter zu schröpfen. Brenz wurde nicht müde, dagegen zu argumentieren: Wenn die Bauern durch diese finanziellen Lasten vollends verarmen würden, dann leide auch die Stadt darunter. Dann müssten die Bauern ihre Produkte auf dem Markt umso teurer verkaufen. Und dann hätten sie kein Geld mehr, um den Handwerkern und den Kaufleuten in der Stadt ihre Produkte abzukaufen. In diesem Zusammenhang schrieb er den Satz: „Man soll die Schafe scheren, nicht schinden." Denn jede Art von Ausbeutung rächt sich auf die Dauer. Sie zerstört das Vertrauen geschundener Menschen in eine Demokratie, die das zulässt. Nur mit Blindheit Geschlagene erkennen das nicht.

„Man soll die Schafe scheren, nicht schinden." Dieses Wort sollte vor jeder Aufsichtsratssitzung meditiert, es sollte in die Präambel jeder Betriebsordnung aufgenommen werden. Das wäre nicht nur im Sinn des Johannes Brenz, sondern auch des Mannes, dem der kluge Brenz mit Leidenschaft gedient hat.

Das Feuer hüten

Das Feuer der Hirten, nachts draußen auf dem Feld, wärmt. Die Nächte in Palästina sind so kalt, wie die Tage heiß sind. Am kältesten ist die Nacht kurz vor dem Sonnenaufgang.

Hirten entzünden Feuer auch, um wilde Tiere abzuhalten. Wurde ein Raubtier gar zu zudringlich, dann konnte es der Hirte mit einem Feuerbrand in der Faust in die Flucht jagen.

In der Antike galt das Feuer als göttliche Kraft. Die Sage berichtet, Prometheus habe vom Himmel das Feuer gestohlen, sei dafür grausam bestraft worden, der Schmiedegott Hephaistos habe ihn im Kau-

kasus an einen Felsen geschmiedet, ein Adler habe ihm täglich in seiner Leber gewühlt, die jeweils über Nacht wieder nachgewachsen sei.

Seit Urzeiten sah die Menschheit im Feuer eine Himmelsmacht, die zu technischen Leistungen befähigt, auf die die Götter nur voll Neid herabblicken könnten.

Uns Menschen des 21. Jahrhunderts erinnert dieser das Feuer hütende Hirte an Hiroshima, Tschernobyl und Fukushima. Die Atomspaltung als das Feuer, das wir uns vom Himmel (?) gestohlen haben und das es jetzt zu hüten gilt. Wir befinden uns in einem „atomaren Selbstmordprogramm", sagt Jürgen Moltmann in seiner „Ethik der Hoffnung"[8]. Die Formel der Atomspaltung ist entdeckt. Die Menschheit wird sie nie mehr vergessen. Sie muss nun mit dieser Möglichkeit leben. Wir können nur darum beten und darauf hoffen, dass es der Menschheit gelingt, das Feuer zu hüten.

Dreimal war ich in den mit Cäsium hoch verstrahlten Gebieten nördlich von Tschernobyl. Der Ort Slawgorod, aus dem die hundert Kinder kamen, die wir jeweils im Sommer in Ulm zu Gast hatten, ist 50 Mal höher verstrahlt, als die Weltgesundheitsbehörde das für zumutbar hält. Wer das Elend in den Dörfern und Krankenhäusern dieser Gebiete gesehen hat, wird es nie mehr vergessen. Wir werden die Gefahr solcher Katastrophen nur dann beherrschen können, wenn wir uns von dem Feuer erleuchten und erwärmen lassen, das beim

Pfingstfest in Gestalt von Feuerzungen auf den Häuptern der Jünger Jesu gesehen wurde (Apg 2,3 f.). Von dem Feuer, das Paulus im Blick hat, wenn er schreibt: „Seid brennend im Geist. Dienet dem Herrn" (Röm 12,11).

Eduard Mörike hat das Liebesfeuer, das Jesus verkörpert, tief empfunden:

Dein Liebesfeuer,
Ach Herr, wie teuer
Wollt ich es hegen,
Wollt ich es pflegen.

Die Kuh und das Leben

Auch eine Kuh bringt ein Bauer der heiligen Familie. Es soll ihr ja auch nicht an Milch fehlen.

Im Hohenlohischen kannte ich mal einen Bauern: Er lebte auf einer Burg und war eigentlich mehr ein Ritter als ein Bauer. Von seiner Burg herab sah er weit ins Land. Und auch, was seinen Geist betrifft, war er ein Mann weiten Horizonts.

Auf meine Frage, was er für sich tue, wenn die Probleme in seiner vieles bewegenden Seele ihn bedrängten, sagte er mir: „Dann gehe ich auf die Wiese und lege mich auf eine Kuh." „Warum das?" so fragte ich. Er erwiderte: „Von ihr geht eine solche Ruhe auf mich aus."

Ich will, wie er sich hilft, nicht allen empfehlen. Denn erstens hat nicht jeder eine Kuh. Zweitens weiß ich nicht, wie eine Kuh, auf die sich ein Fremder legt, reagiert. Drittens will ich niemandem etwas empfehlen, das ich selbst noch nicht ausprobiert habe.

Aber soviel kann wohl auch ein Nichtkompetenter sagen: Von Kühen, wenn sie nicht geradezu verrückt gemacht werden, geht Ruhe aus. Uns hilft sie durch ihre Milch und durch mancherlei Genüsse, die daraus gemacht werden wie Butter, Käse, Quark und Joghurt, zum Leben. Und dass sie jungen Müttern zu Hilfe kommt, das verdient auch unseren Dank.

In den Träumen des Pharao kündigen sieben fette Kühe sieben fette Jahre und sieben magere Kühe sieben magere Jahre an (1. Mose 41,2 ff.). Sie veranlassen Josef zu seinem lebensrettenden Vorsorgeplan, von dem dann auch seine gewissenlosen Brüder samt dem alten Vater Jakob profitieren. So hat die Vision von den fetten und den mageren Kühen zum Überleben des späteren Volkes Israel beigetragen.

Die Kuh an der Krippe Jesu. Es freut mich, ein Tier, das dermaßen dem Leben dient, in der Nähe dessen zu sehen, der von sich gesagt hat: „Ich bin gekommen, dass sie das Leben und volle Genüge haben sollen“ (Joh 10,10).

Die Lämmer tragen

„Er wird seine Herde weiden wie ein Hirte. Er wird die Lämmer in seinem Arm sammeln und im Bausch seines Gewandes tragen und die Mutterschafe führen“ (Jes 40,11), sagt der unbekannte Prophet, den wir den zweiten Jesaja, Deuterojesaja, nennen, ca. 550 v. Chr. denen vom Volk Israel, die nun schon vierzig Jahre gefangen waren in Babel im Exil. Mancher hatte den Eindruck: „Mein Weg ist dem Herrn verborgen, mein Recht geht vor meinem Gott vorüber“ (Jes 40,27). Nun wird ihnen plötzlich ohne Wenn und Aber gesagt, ihre Strafzeit sei zu Ende. Es werde für sie jetzt ein ganz neues, besseres Kapitel aufgeschlagen. Sie dürften heimkehren. Ja, Gott der Herr werde sie die ca. achthundert Kilometer durch das öde, zum Teil wüste Land von Babylon nach Jerusalem zurückführen.

Für viele war das eine enorm motivierende Hoffnungsbotschaft. Für andere eher nicht. Denn sie sagten sich: Achthundert Kilometer zu Fuß, wer hält das durch? Was wird auf diesem Weg aus meinen Kindern? Alte Leute sagten: Ich schaffe das doch nie! Was bleibt mir? Ein flüchtig ausgeschaufeltes Loch am Wegrand?

Ihnen sagt der Prophet diesen Spruch von den Lämmern, die Gott selbst tragen wird, damit sie lebend mitkommen. Wie meint er das? Gott hat seine Engel überall. Sichtbare in Menschengestalt und andere. Eine politischen Umwälzung großen Stils fand statt im Vorderen Orient; der neue Herrscher, der Perser-König Cyrus, hat ihnen alle Wege zurück nach Palästina geebnet. Er gab ihnen auf dem Weg zurück ins Gelobte Land sogar seine Soldaten als Geleitschutz mit. Welch eine Wendung!

Den Alten und denen, die sich vor dem Altwerden fürchten, sagt derselbe Prophet bald darauf (Jes 46,4) im Namen Gottes: „Auch bis in euer Alter bin ich derselbe, ich will euch tragen, bis ihr grau werdet. Ich habe es getan; ich will heben und tragen und erretten."

Hirtenamt heißt besonders: die Schwachen mitnehmen, sie mittragen. In der Familie. Es wird ihr nicht schaden, wenn sie ihr Leben am Wohl des schwächsten Gliedes ausrichtet. In der Gemeinde Jesu Christi. Sie ist mit der Lebensordnung unterwegs: „Einer trage des anderen Last" (Gal 6,2) und: „Der Schwachen im Glauben nehmt euch an" (Röm 14,1). Es erinnert an jene vier handfesten Männer, die ihren gelähmten Nachbarn zu Jesus tragen, in das Dach des Hauses, in dem Jesus von vielen umringt war, eine Lücke schlagen, um ihn herabzulassen, Jesus vor die Füße. „Als Jesus ihren Glauben sah", heißt es dann (Mk 2,5) von dem Prozess, an dessen Ende der Mann geheilt wurde. Kein Mensch glaubt nur für sich selbst. Sein Glaube kommt durchaus auch anderen zugute.

Die Schwachen tragen! Stehen wir heute am Beginn einer Wende im Schulbetrieb? Werden Lehrer und Schüler es miteinander neu lernen, die Schwachen nicht beizeiten auszusondern, sondern sie zu tragen? Allzu lang war in der PISA-Falle[9] das Bestreben zu spüren, möglichst früh unter den Schülerinnen und Schülern eine Elite herauszufiltern, die Schwächeren frühzeitig auszusondern, damit sie den Begabten in ihrer Entwicklung nicht im Wege stünden. Allzu lang hat man - meist unbewusst - Schüler zu Einzelkämpfern erzogen, deren Konkurrenz zueinander nicht nur geduldet wurde.

Wir tun aber niemandem etwas Gutes, wenn wir nur auf Erfolg getrimmte junge Leute erziehen. Hoffen wir, dass die Versuche, Schülerinnen und Schüler zum Mittragen der Schwachen zu erziehen, mit Augenmaß und Energie vorangebracht werden. Und tragen wir als Eltern und Großeltern dazu bei, dass diese Versuche gelingen können.

Wenn ich den Gesichtsausdruck des getragenen Lammes recht deute, so sehe ich in ihm dem Wolf gegenüber einen gewissen Stolz. Es weiß sich getragen. Und es weiß auch, von wem.

Suchen, finden, heimtragen

Das Schaf auf seiner Schulter scheint nicht gerade leicht zu sein. Aber kräftig steht er mit beiden Füßen auf dem Boden. Und offenbar trägt er das Schaf schon eine weite Gebirgsstrecke. Kann das Schaf nicht selbst laufen? Warum trägt es der Hirte? Aus purer Freude, dass er es wiedergefunden hat? Oder weil es verletzt ist?

Diesen Hirten, der das wiedergefundene Schaf auf seinen Schultern trägt, finden wir, in Stein gehauen, bereits in den Kallistos-Katakomben in Rom. Schon in frühester Zeit war Christen dieser Hirte, der die 99 Schafe vorübergehend sich selbst überlässt, um in der Wüste das verlorene zu suchen (Lk 15,4-7) die zentrale Gestalt ihrer Hoffnung.

Es wird in diesem Gleichnis nicht gesagt, warum das Schaf verloren ging. Wurde es von den alten Böcken gemobbt? Wohin hat es sich verstiegen? Wie konnte es seither den Raubtieren zu Land und aus der Luft widerstehen? Und wie kam der Hirt auf die Fährte dieses verirrten Schafes? Sah der Hirt über ihm den Schafgeier kreisen?

Nur so viel wird gesagt: Der

Hirt hat das Schaf gesucht, gefunden, voller Freude auf seine Schultern genommen, zurück zur Herde getragen.

Hat dieser Hirt wirtschaftlich gehandelt? 99 Schafe lässt er in durchaus ungesicherter Situation zurück, um das eine, das davonlief, zu suchen. Was, wenn Raubtiere einstweilen in die Herde eingebrochen wären? Was, wenn er das verlorene Schaf nicht gefunden hätte? Sehr wirtschaftlich war sein Verhalten nicht.

Als diese Krippenfigur im Katalog angezeigt wurde, kam meine Frau mit ihrer Bestellung zu spät. Nach ganz kurzer Zeit war die Figur ausverkauft. Die Holzschnitzer im Grödner Tal mussten Sonderschichten einlegen, um allen Bestellenden zu Weihnachten diesen Hirten zu liefern.

Warum diese Nachfrage? Dieser Hirte trägt die Züge Jesu Christi, der die Verlorenen sucht, Menschen, die aus der Herde Christi „herausgemobbt" wurden, die dann den Kontakt zu ihr verloren haben, in denen aber doch die Sehnsucht nach Gott wach blieb. Menschen, die im abschüssigen Gelände irgendwo hängen blieben, in ihrem Kampf um Karriere, in gesellschaftlichen Abhängigkeiten, in Drogen, im Bann überpersonaler Gewalten.

Die unvernünftige Art Jesu besteht darin, dass er ins Ungesicherte springt, um Menschen da zu suchen, wo sie sind. Die Folgen musste er bald tragen. Er erregte den Hass derer, die durchaus nicht ersehnten, dass die Verlorenen zurückgebracht werden, weil sie deren Verlorenheit als schwarze Folie ihres eigenen frommen Selbstbewusstseins brauchten. Am Ende des Gleichnisses vom verlorenen und wieder heimkehrenden Sohn zeigt uns Jesus den älteren Bruder, der lieber draußen im Dunkeln sich ärgern will, als dass er hereinkommt in den Festsaal und die Rückkehr des verlorenen Bruders feiert (Lk 15,25-32). Menschen, die so empfanden, meinten, es sei für das Volk besser, dass Jesus sterben sollte (Joh 11,50).

Der gute Hirte in unserer Krippenlandschaft, der das Schaf auf seinen Schultern trägt, wirkt bei aller ausgestandenen Mühe doch recht freudig. Er bildet mit seinem Suchen, Finden und Heimtragen das ab, was der eben Geborene in Galiläa und weit, weit darüber hinaus durch die Jahrhunderte tut.

Gebeugt und sehend

Die Nacht ist schon im Schwinden,
macht euch zum Stalle auf!
Ihr sollt das Heil dort finden,
das aller Zeiten Lauf
von Anfang an verkündet,
seit eure Schuld geschah.
Nun hat sich euch verbündet,
den Gott selbst ausersah.

Jochen Klepper (1938, EG 16,3)

Dieser Hirte ist nicht sehr robust, obgleich er stabile Beine hat. Er wartet in gespannter Aufmerksamkeit.

„Hüter, ist die Nacht bald um?" fragt bei Jesaja (21,11) einer den Wächter. Und in Psalm 130,5-8 betet einer:

Ich harre des Herrn, meine Seele harret,
und ich hoffe auf sein Wort.
Meine Seele wartet auf den Herrn
mehr als die Wächter auf den Morgen;
mehr als die Wächter auf den Morgen
hoffe Israel auf den Herrn!

Wie schwer wurde es ihm schon gemacht, diese Hoffnung festzuhalten. Von Mitmenschen. Von Schlägen, die „von oben“ kamen. Von Lasten, die ihm Gott selbst auferlegt hat aus unerfindlichen Gründen. Doch hat er im Lauf seines Lebens erfahren, was Dietrich Bonhoeffer zu Silvester 1942 geschrieben hat: „Ich glaube, dass Gott uns in jeder Notlage so viel Widerstandskraft geben wird, als wir brauchen. Aber er gibt sie nicht im Voraus, damit wir uns nicht auf uns selbst, sondern allein auf ihn verlassen.“ Die Luft, von der ich morgen leben werde, habe ich heute ja auch noch nicht als Vorrat in mir.

Dieser Hirte nähert sich mit zögernden Schritten, als folge er Georg Trakls Vers: „Wanderer, tritt still herein …“ Er steht wie der Zöllner im Tempel (Lk 18,13) „von ferne“. Den Hut hat er abgenommen. Er hält ihn voll Achtung vor der Brust. Umso aufmerksamer blickt er, als wolle er Tersteegens Vers (EG 41,3) befolgen:

Sehet dies Wunder, wie tief sich der Höchste hier beuget;
Sehet die Liebe, die endlich als Liebe sich zeiget!
Gott wird ein Kind,
träget und hebet die Sünd;
alles anbetet und schweiget.

Diese Gänsehirtin ist ebenso schön wie freundlich geraten. Eine Gans reibt ihren Kopf, zärtliche Zuwendung erbittend, an ihrem Kleid. Ein Bild, das der Seele wohl tut.

Hirtinnen werden in der Bibel selten erwähnt. Der Beruf war zu hart für Frauen. Dennoch, die schöne Rahel (1. Mose 29,9), die Töchter Jethros, unter ihnen Zippora, Moses Frau, waren wohl Hirtinnen.

Im übertragenen Sinn gab es Hirtinnen in Israel dann und wann. Mirjam, die Schwester des Aaron, wird als Prophetin bezeichnet. Mit der Handpauke den Takt schlagend, tanzt sie mit den Frauen nach dem Durchzug durch das Schilfmeer und dem Untergang der Heeresmacht des Pharao einen triumphalen Reigen und singt ihr Danklied für die Rettung aus höchster Not (2. Mose 15,21).

Deborah war Prophetin und Richterin in Israel (Richter 4,4. 5); sie hatte im Zwölf-Stämme-Bund die Leitungs- und Ordnungsfunktion, sprach Recht in Fällen von schweren Vergehen. Und sie hatte, wenn es nötig wurde, den Heerbann Israels zum Verteidigungskrieg zusammenzurufen und auszusenden.

Im Neuen Testament wird deutlich, dass Frauen in der Nähe Jesu eine Art Frauenemanzipation erlebten. Er führte mit Frauen Gespräche, die in das Zentrum des Glaubens gingen, pflegte die Freundschaft mit Maria und Martha in Bethanien, war begleitet auch von Maria von Magdala, hatte durchaus Jüngerinnen.

In frühen Gemeinden wurde der Einfluss von Frauen zurückgedrängt, besonders im Gottesdienst - „die Frau schweige in der Gemeinde“ (1. Kor 14,34-36), wenn sie Fragen betreffend die Lehre hat, dann möge sie zu Hause ihren Mann fragen. Von dem freien und stolzen Wort, das Paulus in früherer Zeit seines Wirkens an die Galater schrieb „Hier ist nicht Jude noch Grieche, nicht Knecht noch Freier, nicht Mann noch Frau; denn ihr seid allzumal einer in Christus Jesus“ (Gal 3,28), bleibt nicht viel übrig.

Dennoch gab es Frauen, die als geisterfüllte Persönlichkeiten ganz wesentlich dazu beigetragen haben, dass die Botschaft von Jesus Christus weithin verbreitet wurde, allen voran die Purpurkrämerin Lydia aus Thyatira, die dem Paulus in Philippi den Weg bahnte und ihn mit seinem Begleiter Silas beherbergte (Apg 16,13-15.40).

Heute haben wir, jedenfalls in der evangelischen Kirche, in „Hirtenämtern“ Frauen. Es ist ein Segen, wenn Frauen im Hirtenamt ihre besonderen Gaben voll einbringen: ihre fürsorgliche Sensibilität, ihr oft mehr intuitives Erfassen von Situationen, ihre mütterlichen Fähigkeiten. Sie sollten es tun!

Dieser frischen, herzerwärmenden Hirtin traue ich viel Gutes zu.

Judas an der Krippe?

Ist das nicht zu abwegig, wenn ich mich von dieser Hirtengestalt an Judas erinnern lasse? „Hirte mit Stock“ heißt sie. Und es würde mich wundern, wenn der Künstler, der sie gefertigt hat, mit ihr das verbinden würde, was meine Assoziation ist. In dem Beutel, den der Mann fest umklammert, könnten wir wirklich irgendein nahrhaftes Geschenk für die Heilige Familie vermuten. Was soll da meine Assoziation: Judas an der Krippe?

Ein grauslicher Gedanke. Warum? Weil üblicherweise an der Krippe Jesu nur brave Leute zu sehen sind: die unschuldige Jungfrau Maria, der treue Josef, die redlichen Hirten, ein gutmütiger Ochs, ein manierlicher Esel, jubilierende Engel. Die passen zu dem „holden Knaben im lockigen Haar“. Aber Judas?

In der Nähe des erwachsenen Jesus hatte er Platz. Immer wieder wird er extra erwähnt: „... und Judas Ischarioth, der ihn verriet“ (Mk

3,19). Nach seinem Tod wird er im Jüngerkreis per Losentscheid durch Matthias ersetzt (Apg 1,23-26). Er wird aber nicht totgeschwiegen. Johannes berichtet, Jesus habe von Anfang an gewusst, wer ihn verraten würde (Joh 6,64). Auch den Judas hat Jesus „geliebt bis ans Ende" (Joh 13,1). Auch ihm hat er die Füße gewaschen (Joh 13,12), auch mit ihm hat er das Mahl gefeiert, obgleich der Teufel dem Judas ins Herz gegeben hatte, Jesus zu verraten (13,2). In Matthäus 26,14-16 wird berichtet, wie Judas den Hohenpriestern die Auslieferung Jesu angeboten und mit ihnen das „Geschäft" für dreißig Silberlinge festgemacht habe. Eindeutig bezeichnet Jesus seinen Verräter (Mk 14,18-21; Mt 26,25; Lk 22,21-23). Und er verharmlost diesen Verrat keineswegs: „Es wäre für diesen Menschen besser, wenn er nie geboren wäre." Ich höre aus diesen Worten mehr Mitleid als Zorn.

Offenbar hat Jesus nicht versucht, den Verrat des Judas zu verhindern: „Was du tun willst, das tue bald." Jesu Schmerz über diesen Verrat zeigt nach dem Judaskuss im Garten Gethsemane seine Frage: „Judas, verrätst du den Menschensohn mit einem Kuss?" (Lk 22,48).

Das Ende des Judas wird in Matthäus 27,3-10 so berichtet, dass Judas vor Jesu Kreuzigung, von Reue gepackt, den „Handel" gern rückgängig gemacht hätte. Die Hohenpriester aber hätten ihn kalt abblitzen lassen. Worauf er die dreißig Silberlinge in den Tempel geworfen und sich erhängt habe.

In der frühen Kirche wird Judas bald als großes Beispiel der Gottlosigkeit dargestellt. Der Bischof Papias scheut in seinen zwischen

130 und 140 n. Chr. geschriebenen „Fragmenten“ keine ekelerregende Drastik. An dem Ort, an dem Judas krepiert sei, könne man sich nur die Nase zuhalten.

Eine Art Gegenschrift entstand dann im „Judas-Evangelium“, das wohl Mitte des 2. Jahrhunderts von einem gnostischen Sektierer geschrieben, aber erst um 1970 in Mittelägypten gefunden, dann verloren und erst 2001 in New York in einem Postschließfach(!) wiederentdeckt wurde[10]. Es strotzt vor blankem Hass auf die Jünger Jesu und die junge Kirche und verherrlicht Judas, er sei der Einzige unter den Jüngern Jesu, der den Meister wirklich verstanden habe.

Ganz anders berichtet das arabische Kindheitsevangelium aus dem 5. Jahrhundert über Judas. Der Knabe Judas sei bereits der Spielgefährte Jesu gewesen. Aber kein gutmütiger. Immer wieder habe er den Jesusknaben exakt in die Körperstelle gebissen, die später der römische Soldat mit der Lanze durchbohrt habe.

In der Legende des irischen Abtes Brandan (10. Jahrhundert) muss Judas werktags in der Hölle leiden wie brennendes Blei im Feuerofen. Sonntags darf er sich erholen. Montags geht die Tortur weiter.[11]

Jacopo de Voragine (1230–1298) berichtet in seiner „Legenda aurea“ über ein böses Vorleben des Mörders Judas, ehe Jesus ihn zu sich in die Jüngerschar aufgenommen habe[12].

Ein populärer Spottgesang im Mittelalter war:

O du armer Judas, was hast du getan,
dass du unsern Herren also verraten hast!
Darum musst du leiden höllische Pein,
Luzifers Geselle musst du ewig sein.[13]

Anders geht Johann Sebastian Bach in seiner „Matthäuspassion“ mit Judas um. Er vertont eindrücklich die Reue des Judas: „Gib mir meinen Jesum wieder!“ Und auf die Frage der unsicher Gewordenen beim Abendmahl: „Herr bin ich’s?“ antwortet der Chor mit Paul Gerhardt (EG 84,4): „Ich bin’s, ich sollte büßen ... und was du ausgestanden, das hat verdienet meine Seel.“

Friedrich Hebbel (1813-1863) schrieb die ätzenden Worte: „Zwölf Apostel und doch nur ein einziger Judas darunter? Würbe der Gottessohn heut, zählte er mindestens elf."

Eine sehr aktuelle Fassung des Judas-Themas bietet Gerhard Schöne[14]. Er schildert Judas als informellen Mitarbeiter der Stasi und sagt zu ihm: „Dein Gewissen ist fast gestorben für den Silberlohn." Aber er tritt auf die Seite des Schuldigen gegen Leute, die erst nach 1989 gegen ihn mutig wurden:

> Schutzlos stehst du jetzt am Pranger.
> Man darf dich bespein.
> Die sonst nie den Mund auftaten,
> niemals aus dem Schatten traten,
> werfen ihren Stein.

Schalom Ben-Chorin sieht in seinem Judas-Gedicht[15] in Judas den „Gläubigsten von allen Jüngern", der mit seinem Verrat bewusst Jesu Kreuzestod auf den Weg bringt, um so das Heil der Welt zu befördern. Sein Judas sagt zu Jesus:

> Du musst das Kreuz - und ich die Schande tragen,
> doch unser, Meister, unser ist die Tat!

Walter Jens in seinem Buch „Der Fall Judas"[16] lässt Pater Berthold B. den Antrag stellen, Judas selig zu sprechen. Die Begründung des Paters: „Ihm und keinem andern ist es zu danken, dass in Erfüllung ging, was im Gesetz und bei den Propheten über den Menschensohn steht... Ohne Judas kein Kreuz, ohne das Kreuz keine Erfüllung des Heilsplanes. Keine Kirche ohne diesen Mann; keine Überlieferung ohne den Überlieferer ... ER (Jesus) wusste, dass es an ihm (Judas) - einzig an ihm! -, lag, ob die Prophetie des alten Bundes sich erfüllt oder nicht."

Jesus und Judas in miteinander abgesprochener konzertierter Aktion? Wer das vertreten will, muss sich jedenfalls darüber im Klaren sein, dass die Berichte der Evangelien mit dieser These nicht vereinbar sind.

Das Bedenkenswerteste, das zum Thema Judas geschrieben wurde, ist in der Erwählungslehre von Karl Barth[17] zu lesen. Von Verherrlichung des Judas, als sei er der kongenialste, keine Spur. Auch nicht die These, als sei Judas mit Jesus ganz besonders vertraut gewesen. Noch weniger ist Judas bei ihm - wie etwa bei Abraham a Santa Clara und vielen anderen Predigern des Barock - der „Erzschelm", ein finsteres Feindbild, in das man alles moralisch Minderwertige hineinprojizieren kann. Er wird vielmehr als ein Mensch verstanden, der von Mächten, die er selbst nicht durchschaut, zu seinem Verrat getrieben wird. Seine Schuld ist schwer. Aber auch für ihn stirbt Jesus am Kreuz. Und weil Gott in seiner Weisheit und Gnade seine Heilsgeschichte auch so voranbringt, dass er unsere Sünde zum Guten wenden und seinen Plänen dienen lassen kann, darum trägt tatsächlich Judas durch die schwere Sünde des Verrats dazu bei, dass am Kreuz Jesu das Heil der Welt bewirkt wird. Er liefert Jesus in die Hand der Heiden aus. So wird bald darauf die Heilsbotschaft von ihm den Heiden überliefert. Für beide Vorgänge wird im griechischen Urtext dasselbe Wort gebraucht. Barth geht sogar so weit, von Judas als dem „Executor Novi Testamenti", dem Ausführungsorgan des Neuen Bundes, zu reden.

Diese ziemlich riskante Sicht Barths ist besser als die selbstgerechte Judas-Schelte, wie sie im Mittelalter und im Barock üblich war. Sie ist auch evangeliumsgemäßer als die moderne Judas-Verherrlichung, wie wir sie besonders in der Rock-Oper „Jesus Christ Superstar" finden, die Kritiker gelegentlich „Judas Superstar" genannt haben.

Vielleicht unter dem Einfluss von Karl Barth schrieb der Berner Pfarrer Kurt Marti im Jahr 1980 folgendes Gedicht[18]:

ABENDLAND

schöner judas
da schwerblütig nun
und maßlos die sonne
ihren untergang feiert
berührst du mein herz
und ich denke dir nach

ach was war
dein EINER Verrat
gegen die VIELEN
der christen der kirchen
die dich verfluchen
ich denke dir nach
und deiner tödlichen trauer
die uns beschämt

Noch einmal die Frage: Judas an der Krippe Jesu? Was veranlasst mich zu dieser absurden Konstruktion?

Vielleicht das hilflose Unbehagen des Gemeindepfarrers, der alle Jahre wieder erlebt, wie das Christkind umgeben wird von lauter freundlich und ehrfürchtig anbetenden Menschen, die kein Wässerchen trüben können. So wird das Kommen Jesu Christi in eine Welt, deren Ungerechtigkeit zum Himmel schreit, zur freundlich-heimeligen Idylle verfälscht. Umso unwirklicher und unwesentlicher wird das Geschehen. Denn wir, wie wir wirklich sind, kommen gar nicht mehr vor in diesem für die Weihnachtsstimmung instrumentalisierten Krippenspiel. Sollen wir real Existierenden, die wir Abgründe in uns tragen, an dieser Krippe Platz finden, dann findet auch Judas hier Platz. Denn so gewiss der Verleugner Petrus Persönlichkeitsanteile unseres Wesens repräsentiert, so gewiss der Verräter Judas. Wir stehen mit Judas an der Krippe dessen, der sich mit Menschen umgibt, deren Verleugnung und Verrat er sich ausliefert und die er dennoch „bis zum Ende liebt". Weil er bei sich Platz für Judas hat, darum ist er auch der Erlöser, der die Judasnatur in uns verwandeln kann, so dass wir mit Paulus sagen können (2. Kor 5,17): „Ist jemand in Christus, so ist er eine neue Kreatur. Das Alte ist vergangen, siehe, Neues ist geworden."

Ein Freund, Dieter Eisenhardt, fertigt mit hohem Verstand und bildnerischer Kunst Glockenzier-Plastiken. Für die Michaelskirche in Schwäbisch Hall schuf er auf einer Glocke folgende Darstellung: Der Strick, an dem sich Judas erdrosselt hat, hängt herab. Daneben Jesus, der gute Hirte, der auf seinen Armen Judas nach Hause trägt.

„Und das habt zum Zeichen: Ihr werdet finden das Kind in Windeln gewickelt und in einer Krippe liegen ... Und da die Engel gen Himmel fuhren, sprachen die Hirten untereinander: Lasst uns nun gehen gen Bethlehem und die Geschichte sehen, die da geschehen ist, die uns der Herr kundgetan hat. Und sie kamen eilend und fanden beide, Maria und Josef, dazu das Kind in der Krippe liegen" (Lk 2,12-16).

Es steht nicht da, ob die Hirten dem Kind und seiner Mutter etwas mitgebracht haben. Diese Lücke füllen dann unsere Krippenspiele umso üppiger. Bis hin zu Werner Bergengruens „Wärst du in Kaschubenland geboren ...", das diese fürsorgliche Neigung, den Hirten etwas in die Hand zu geben, ironisiert. Es steht nicht einmal da, wie sich die Hirten vor dem Jesuskind und seinen Eltern verhalten haben. Standen sie nur verlegen herum? Hat einer passende Worte

gefunden? Oder waren sie nur andächtig still? Und Maria, war sie für den großen Auftritt präpariert? Oder empfand sie dieses nächtliche Hereinschneien fremder Hirten eher als Überfall?

Die Kunst lässt die Hirten, die in Eile herzugelaufen sind - wir sehen an unseren Hirtenfiguren den weiten Schritt - voll Andacht anbeten. Sie lässt sie tun, was uns allen vor dem Heiland der Welt, vor unserem Erlöser, angemessen ist: staunendes, kniendes Anbeten vor dem, in dem die Heilige Liebe Gottes ein Mensch, einer von uns, wurde. „O beugt wie die Hirten anbetend das Knie./Erhebet die Hände und danket wie sie" (Christoph von Schmid, EG 43,4).

Was bedeutet es, wenn Hirten vor dem Hirten knien? Vielleicht, dass wir unser Hirtenamt, worin immer es bestehen mag, aus seiner Hand neu annehmen, um es nun umso entschlossener, umso mehr in seinem Geist auszuüben. Dass wir ihn herzlich bitten, uns das nötige Gespür für die uns anvertrauten Menschen zu geben, die rechte Weisheit, damit wir es so ausüben, dass wir uns Anvertraute nicht schädigen, sondern zum Leben leiten.

Ein Junge voll Hoffnung

Ein Hirtenknabe, ein sympathische Junge, sieht freundlich auf das Kind, von dem der Engel so Umwälzendes vorausgesagt hat. Ein gutmütiges Staunen steht auf seinen Backen.

Wie wird sein Leben später aussehen? Wird er Jahrzehnte bei den Schafen bleiben? Wird er eines Tages noch ganz anders Hirte werden? Der Hirtenbub David wurde König. Der Hirt Amos wurde Prophet. Der Hirtenbub Akiba wurde Schriftgelehrter und einer der jüdischen Märtyrer. Aus dem Schweizer Hirtenbub Walter Lüthi wurde ein mitreißender Prediger. Vielleicht wird der Junge, der jetzt vor der Krippe kniet, in dieser oder jener Funktion ein Hirte im Dienst des Erzhirten.

Wovon träumt der Junge, wenn seine Nächte lang sind? Von der Umarmung einer zärtlichen Hirtin? Oder muss er, wenn die Wölfe heulen, mit Angstträumen fertig werden?

Der Junge muss sich vor seiner Zukunft nicht fürchten, so lange er im Gegenüber zu dem bleibt, den er jetzt ahnend anstaunt. Man könnte ihm im Gegenüber zum Christkind den Vers in den Mund legen, den einst Theodor Storm wohl mit einer etwas anderen Blickrichtung geschrieben hat:

So komme, was da kommen mag!
So lang du lebest, ist es Tag.
Ich seh dein liebes Angesicht,
ich sehe die Schatten der Zukunft nicht.

Musik in der Schlucht

In die Schlucht, die uns an Zeiten höchster Not mit unserer Tochter Esther erinnert, stellt meine Frau alle Jahre wieder drei Musikanten-Hirten. Zwei spielen auf dem Dudelsack, einer auf der Flöte. Da wird die Schlucht weit.

Musik ist immer ein Singen und Spielen derer, die aus der Enge befreit sind. Darum hat Luther mit seinen Kindern Laute gespielt und gesungen. Sie vertreibe die schweren Gedanken und Gefühle, mit denen der Teufel uns zu Fall bringen will, sagte er.

Von den Hirten wird berichtet: „Sie kehrten wieder um, priesen und lobten Gott um alles, was sie gehört und gesehen hatten, wie denn zu ihnen gesagt war“ (Lk 2,20). Man sieht es diesen Hirten an.

Dieser beschwingte Freudenton klingt besonders in den Hirtenmusiken, von den alten Pastoralen bis hin zu Carl Orffs Weihnachtsmusik. Sieht man diese unverzagten Musikanten, so hört man die Weihnachtslieder „Kommet, ihr Hirten, ihr Männer und Fraun“, „Freu dich, Erd und Sternenzelt“, „Der Heiland ist geboren, freu dich, o Christenheit“. Weihnachtsmusik ist Antwort auf den Gesang der Engel in der Nacht, von denen es heißt: „Sie lobten Gott und sprachen (oder sangen): Ehre sei Gott in der Höhe und Frieden auf Erden den Menschen des göttlichen Wohlgefallens“ (Lk 2,14).

Diese Hirten ziehen „fröhlich ihre Straße“ (Apg 8,39). So können wir von der Krippe Jesu freudig zurückkehren an die Orte, an denen wir unser „allgemeines Hirtentum aller Glaubenden“ wahrnehmen.

Und wenn uns unser Musizieren und Singen gelegentlich etwas dünn vorkommt, können wir singen (EG 330,7):

Ach nimm das arme Lob auf Erden
mein Gott, in allen Gnaden hin.
Im Himmel soll es besser werden,
wenn ich bei deinen Engeln bin.
Dann sing ich dir im höhern Chor
viel tausend Halleluja vor.

Die Weisen der Welt und die Weisheit Gottes

Stern über Bethlehem

Der Stern, von dem die „Weisen" oder „Magier aus dem Morgenland", das heißt aus dem Orient, in Jerusalem sagen: „Wo ist der neugeborene König der Juden? Wir haben seinen Stern gesehen im Morgenland und sind gekommen, ihn anzubeten" (Mt 2,2), wird oft schnell in das Reich der Legende verwiesen.

Geht man der Sache aber etwas intensiver nach, dann ergibt sich folgende Erklärung, die man ernsthaft in Betracht ziehen sollte[19]: Die Magier, die nach Matthäus 2,1 nach Jerusalem kamen, waren laut Ferrari d'Occhieppo „vielseitig gebildete, ernste Weisheitssucher, die in ihrem universalen Denken ganz bestimmte Entsprechungen zwischen göttlichen Zeichen am Himmel und dem Geschehen auf Erden erkannt zu haben glaubten" (S. 9 f.). Ferrari d'Occhieppo geht davon aus, dass sie aus Babylon kamen, denn das einzig bedeutende Zentrum wissenschaftlicher Sternkunde östlich von Palästina habe sich damals noch in Babylon befunden (S. 27).

Die astronomische Wissenschaft zur Zeit Jesu war offensichtlich imstande, die Bahnen und Konjunktionen der Sterne prognostisch zu berechnen. Das zeigt die „Berliner Planetentafel", ein tabellarisches Verzeichnis der bevorstehenden Planetenbewegungen zwischen den Jahren 17 v. Chr. und 10 n. Chr., das erhalten ist in einer Abschrift auf einem Papyrus, der aus dem Jahr 42 n. Chr. stammt. Man konnte offenbar den Stand der Gestirne schon für Jahrzehnte vorausberechnen.

Einen ebenso erstaunlichen Eindruck von der genauen Vorausberechnung astronomischer Ereignisse gibt uns der „Sternenkalender von Sippar", eine Keilschrifttafel, die wohl im Jahr 8 v. Chr. in der uralten Sternwarte von Sippar am Euphrat, dem „babylonischen Greenwich", ca. hundert Kilometer nördlich von Babylon, entstanden ist.

Auf dieser Tontafel sind alle wesentlichen Bewegungen und Begegnungen der Gestirne des Jahres 7 v. Chr. auf Monat und Tag genau vorausberechnet.

Das Sternbild, das die Magier beeindruckt hat, dürfte damit zusammenhängen, dass Jupiter und Venus sich im Frühjahr des Jahres 7 v. Chr. trafen, ferner, dass im Herbst des Jahres 7 v. Chr. mehrfach Jupiter und Saturn im Sternbild der Fische und im Zeichen des Widders eine ganz seltene Konjunktion hatten, die in dieser Form nur alle 794 Jahre eintritt. Jupiter galt immer als der Stern, der die Geburt oder den Aufgang bedeutender Herrscher ankündigt. Saturn galt im Osten als der Stern Palästinas. Der Tierkreis der Fische galt als Zeichen der Endzeit. Es lag nahe, aus dieser äußerst ungewöhnlichen Stern-Konjunktion zu schließen: Im Westen, das heißt in Palästina, wird ein endzeitlicher Herrscher geboren werden.

Wichtiger als irgendwelche astronomisch nachweisbaren kosmischen Zusammenhänge ist Matthäus die Erinnerung an den „Stern Jakobs" in der Geschichte vom Propheten Bileam (4. Mose 22–24). Aus ihr will ich hier berichten.

Der Moabiter-König Balak engagiert für eine hohe Gage den Propheten Bileam, der in Pethor am Euphrat wohnt, zu einem Fluch-Event gegen die aus der Wüste heranziehenden Israeliten. Viel Volk ist da. Aber statt die Ante-portas-Stehenden zu verfluchen, segnet Bileam, einer plötzlichen Eingebung folgend, das Volk Israel: „Wie fein sind deine Zelte, Jakob, und deine Wohnungen, Israel ..." (4. Mose 24,4 ff.). Üppige Gärten an Wasserbächen, Aloebäume, Zedern, Saat in Fülle, fruchtbares Land, all das wird ausgebreitet. Gesegnet sein werde, der dieses Volk segnet; verflucht werde sein, der es verflucht.

Als Balak den Propheten zornig davonjagen will, sagt ihm Bileam, „der Mann, dem die Augen geöffnet wurden", der „Hörer der göttlichen Rede" ein kommendes Reich voraus, das er nun immer deutlicher personalisiert auf einen künftigen Heilskönig: „Ich sehe ihn, aber nicht jetzt; ich schaue ihn, aber nicht von nahem. „Es wird ein Stern aus Jakob aufgehen und ein Zepter aus Israel aufkommen ..." (4. Mose 24,17 ff.).

Besonders an diese Weissagung knüpft die Geschichte vom Stern, den die Weisen gesehen haben, an. Der Stern, der ihnen im Westen aufging, ist jener „Stern aus Jakob“, den schon Bileam in seiner Vision aufgehen sah.

Dazu kam die Weissagung aus Jesaja 60, in der beschrieben wird, wie ein neues Licht das Dunkel der Völkerwelt überstrahlen wird: „Mache dich auf, werde licht, denn dein Licht kommt, und die Herrlichkeit des Herrn geht auf über dir! Denn siehe, Finsternis bedeckt das Erdreich und Dunkel die Völker; aber über dir geht auf der Herr, und seine Herrlichkeit erscheint über dir. Und die Heiden werden zu deinem Licht ziehen und die Könige zum Glanz, der über dir aufgeht“ (V. 1–3). Der „Stern über Bethlehem“ wird als Erfüllung dieser beiden Weissagungen verstanden.

Wie aber ist die zweite Aussage in der Geschichte von den Sterndeutern zu verstehen, nach welcher diese nach der Audienz bei Herodes auf dem Weg nach Bethlehem Folgendes sahen: „Und siehe, der Stern, den sie im Morgenland gesehen hatten, ging vor ihnen her, bis er über dem Ort stand, wo das Kindlein war. Als sie aber den Stern sahen, waren sie hoch erfreut!“ (Mt 2, 9 f.).

Die Theologen Peter Stuhlmacher und August Strobel sehen mit dem Astronomen d'Occhieppo zwei Möglichkeiten der Erklärung. Entweder kommen die Magier im Morgengrauen in Bethlehem an, dann steht der Morgenstern gerade über den Dächern der kleinen Stadt, bis er nicht mehr zu sehen ist. Oder: Es ist eine abendliche Erscheinung des Sterns. Im November des Jahres 7 v. Chr. ging von Jupiter und Saturn ein Lichtkegel aus.

Dass in der Geschichte von den Magiern aus dem Morgenland Sterndeuter auftreten, denen ein Stern oder eine Sternkonstellation den Weg zu Jesus zeigt, wird immer wieder als Argument dafür ins Feld geführt, dass Christen sich der Astrologie öffnen, sie als Hilfe und als Verbündete sehen sollten.

Die kirchengeschichtlich Kundigen verweisen gerne auf Philipp Melanchthon, der, durchaus nicht zur Freude Luthers, etwa zehn Jahre lang in Wittenberg nicht nur astronomische, sondern auch astrologische Vorlesungen gehalten hat[20]. Für Melanchthon freilich waren die Sterne keine eigenständigen Mächte, sie waren als Geschöpfe Gottes eingeordnet in den göttlichen Willen. Von ihnen sah er Einflüsse auf die Menschen ausgehen, auf welche diese reagieren, vor denen sie sich wohl auch schützen können. Er wollte in Lehrbüchern nur die „astrologia naturalis", die natürliche Astrologie, behandelt wissen, die sich auf Wettervorhersage und medizinische Anweisungen an Patienten beschränkte. Es ist allerdings deutlich, dass er für sich selbst auch die astrologia divinatrix, die weissagende Astrologie, bemühte, das heißt, dass er auch Horoskope erstellen ließ. Die Tatsache, dass Melanchthon nie dazu zu bewegen war, ein Schiff zu betreten, kam zum Beispiel davon her, dass dem Knaben Philipp einst das Horoskop gestellt worden war, er werde eines Tages im Baltischen Meer Schiffbruch erleiden.

Sind nun die Weisen aus dem Morgenland ein Argument dafür, dass wir uns von den Sternen leiten lassen sollten? Ich argumentiere dagegen: Die Weisen wurden aus ihrem Gestirnsglauben zum Glauben an Jesus Christus geführt. Dass sie von der Krippe Jesu in ihren alten Gestirnsglauben zurückgeschickt worden wären, steht nirgends.

Wie aber steht die Bibel zur Astrologie? Die Auffassung der typischen Gestirnsreligionen, als seien Gestirne Sitz geistig-göttlicher Wesenheiten, die das Leben von Menschen bestimmen und denen man durch Opfer und Anbetung Bewahrung vor Unglück abringen könne, weist die gesamte Heilige Schrift schroff ab.[21]

Das Neue Testament führt diese Ablehnung jeder Art von Gestirnskult fort, besonders in den Briefen des Paulus. Etwa wenn er sagt, weder „Fürstentümer noch Gewalten" könnten uns von der Liebe Gottes scheiden, die in Jesus Christus ist, unserem Herrn" (Röm 8,38 f.). Oder wenn er die Galater ermahnt, nicht wieder den „schwachen und dürftigen Elementen" zu dienen, denen sie einst dienten, als sie Gott noch nicht kannten (Gal 4,8 f.). Ganz deutlich kommt die Ablehnung jeder Ausrichtung an den „Elementen der Welt" zur Sprache in Kolosser 2,8.9.15: „Sehet zu, dass euch niemand einfange durch Philosophie und leeren Trug, gegründet auf der Menschen Lehre und auf die Elemente der Welt und nicht auf Christus. Denn in ihm wohnt die ganze Fülle der Gottheit leibhaftig ... Er hat die Mächte und Gewaltigen ihrer Macht entkleidet und sie öffentlich zur Schau gestellt und hat einen Triumph aus ihnen gemacht in Christus."

Man könnte nun freilich sagen, dass in der „klassischen Astrologie" der Griechen, also vor allem in der Zeit des Hellenismus nach Alexander d. Gr. (gest. 323 v. Chr.), die Gestirne immer weniger als Gottheiten verstanden wurden, dass vielmehr eine Art kosmischer Sympathie - „wie oben, so unten, wie unten, so oben" - gelehrt worden sei, dass also der Makrokosmos im Mikrokosmos des Menschen seine Entsprechung habe. Dass, je mehr die Götter entpersonalisiert und als physikalisch wirkende Kräfte verstanden wurden, desto mehr der Blick auf den Sternenhimmel gerichtet worden sei, um dort schlicht Aufschluss zu erhalten über Kräfte, die im Menschen wirksam sind.

Aber auch wenn man die Gestirne so sieht, ist die Gefahr sehr groß, dass der Mensch, wenn er sich nach ihnen richtet, die Freiheit aufgibt, „zu der uns Christus befreit hat" (Gal 5,1).

Die Frage, ob sie das bewirkt, wird man auch der esoterischen Astrologie stellen müssen, die seit dem Ende des 19. Jahrhunderts im modernen Okkultismus und in der „hermetischen Literatur"[22] als Gegenbewegung zum Rationalismus aufgeblüht ist und in Theosophischen Gesellschaften und Okkult-Orden lebt, die dann Rudolf Steiner mit der „Christus-Wesenheit" zu verbinden sucht.

Man wird diese Frage aber auch an den tiefenpsychologischen Ansatz einer „revidierten Astrologie"[23] der Zwanzigerjahre des 20. Jahrhunderts stellen müssen, die wohl auf den Gedanken verzichtet, die Sterne würden bei uns etwas bewirken, die uns vielmehr sagen will, was sich in uns und um uns tut, was unsere Möglichkeiten sind oder nicht sind. Ich verkenne nicht, dass ihre Vertreter der Erziehung und Selbsterziehung des Menschen dienen wollen. Ich bezweifle aber, ob das löbliche Ziel auf diesem Weg erreicht werden kann. Ich fürchte im Gegenteil, dass das Aufspüren solcher Zusammenhänge den Menschen in diese tiefen Gebundenheiten hineinverstrickt, da er ja, wenn er solche tatsächlichen oder vermeintlichen Zusammenhänge erkannt hat, nur auf seine eigenen Fähigkeiten verwiesen wird, mit diesen Kräften souverän umzugehen. Wer aber ist so souverän?

Mein Eindruck ist es, dass Astrologie in ihren verschiedenen Spielarten heute, je mehr der Glaube an einen persönlichen Gott verblasst, zur Ersatzreligion weiter Kreise wird. Nicht zuletzt, da die Vulgär-Astrologie der Lifestyle- und Selbstverwirklichungsverkäufer sie auf allen Kanälen als Lebensberatung anbietet. Der persönliche Glaube an den persönlichen Gott, der uns in der Person Jesus Christus nahekommt, sollte als wirkliche Alternative zur Astrologie verstanden werden. Ein freundliches Sowohl-als-Auch vernebelt die Konturen und rechtfertigt diese oder jene Abhängigkeit von den überpersönlichen „Kräften", denen gegenüber wir durch Jesus Christus zur Freiheit berufen sind.

Bedenkenswert in diesem Zusammenhang ist folgende Anekdote, die Hans-Jürgen Ruppert berichtet[24]: Als Martin Luther eines Tages die Elbe überqueren wollte, wurde er von Philipp Melanchthon daran gehindert. Denn dieser hatte für diesen Tag ein negatives Horoskop berechnet. Dennoch sprang Luther in den Kahn mit den Worten „Domini sumus!" Dieser lateinische Ausspruch kann sowohl mit „Wir sind des Herrn" als mit „Wir sind Herren" übersetzt werden. Indem wir „des Herrn" sind, sind wir zugleich durch Christus befreite Herren auch über kosmische Mächte. Wir haben von ihnen nichts zu befürchten.

Drei Weise aus dem Morgenland

Weise aus dem Morgenland kommen in der Erzählung Matthäus 2,1-12[25] nach Jerusalem, um den neugeborenen König der Juden zu suchen. Sie sagen, sie hätten „seinen Stern" gesehen und wollten ihn anbeten.

Dass Weise nach Jerusalem kamen, ist zunächst nicht ungewöhnlich. Denn die Weisheitstradition Israels[26] war eng verknüpft mit den Weisheitstraditionen anderer Völker, nicht zuletzt mit dem babylonischen Osten. Es lebten ja im Zweistromland längst zahlreiche Israeliten im Exil, durch welche auch die jüdische Messias-Erwartung dort längst bekannt war.

Die „Weisen“ waren Sterndeuter, die durch die bereits erwähnte besondere Sternkonstellation des Jahres 7 v. Chr., besonders durch die Konjunktion von Saturn und Jupiter, stark beeindruckt und beunruhigt waren und die, weil Saturn der Stern Palästinas war, sich auf den Weg nach Jerusalem gemacht hatten. Vielleicht waren diese „Weisen“

oder „Magier“ Nachkommen eines medischen Priesterstamms, der mit seinem astrogeographischen Wissen Einfluss bis nach Babylon hatte. Schon von dem Perserkönig Kyros (559–530 v. Chr.) waren diese Priester beauftragt worden, kultisch tätig zu sein.

Indem sie nach Jerusalem kommen, um „den neugeborenen König der Juden“ anzubeten, erinnern sie stark an den Psalm Salomos (Ps 72), in welchem ein König angekündigt wird, der das Volk Gottes richtet mit Gerechtigkeit und seine Elenden rettet, der Frieden bringt für das Volk, von dem es heißt: „Er soll den Elenden im Volk Recht schaffen und den Armen helfen und die Bedränger zermalmen“ und von dessen Reich gesagt wird: „Er soll herrschen von einem Meer bis ans andere, und von dem Strom (Euphrat) bis zu den Enden der Erde.“ Das heißt die Ausdehnung seines Reiches wird von Spanien (Tarsis) über die Mittelmeerinseln einschließlich Italiens bis nach Saba im Jemen und Scheba in Äthiopien gedacht. Ferner wird von seiner Herrschaft gesagt:

> Vor ihm sollen sich neigen die Söhne der Wüste ...
> Die Könige von Tarsis und auf den Inseln
> Sollen Geschenke bringen,
> die Könige aus Saba und Scheba
> sollen Gaben senden.
> Alle Könige sollen vor ihm niederfallen
> Und alle Völker sollen ihm dienen.

Das werden sie offenbar nicht aus Unterwürfigkeit unter einen gewaltigen Weltenherrscher tun, sondern aus tiefer Sehnsucht nach einer Weltregierung, in der endlich der arme und unterlegene Mensch zu seinem Recht kommt:

> Denn er wird den Armen erretten, der um Hilfe schreit,
> und den Elenden, der keinen Helfer hat.
> Er wird gnädig sein den Geringen und Armen ...
> Er wird sie aus Bedrückung und Frevel erlösen,
> und ihr Blut ist wert geachtet vor ihm.

Weil er diese Ursehnsucht der Menschheit erfüllt, darum heißt es von ihm:

> Er soll leben, und man soll ihm geben
> vom Gold aus Saba.
> Man soll immerdar für ihn beten
> und ihn täglich segnen.

Selbstverständlich fragen die arglosen „Weisen“ aus der Ferne im Palast von Jerusalem nach dem neugeborenen König Israels.

Mit Herodes tritt ihnen ein besonders fragwürdiger, auch grausamer Machtpolitiker entgegen, der sein Volk durchaus nicht so weidet, wie es im Psalm 72 vom künftigen Friedenskönig vorausgesagt wird.

Herodes erschrickt, als er die Weisen aus dem Osten vor sich sieht und von deren Erwartung, dieser Friedenskönig sei geboren, hört. Ganz Jerusalem sei mit ihm erschrocken, heißt es. Wir können uns fragen, ob das Volk erschrickt, weil es die Herrschaft des Herodes bedroht sieht, oder ob es erschrickt, weil es weiß: Wenn Herodes sich wieder einmal zur Sicherung seiner Macht herausgefordert fühlt, dann stehen uns wieder böse Zeiten bevor. Auffallend ist der Gegensatz zwischen den Weisen aus der Ferne und dem real existierenden König in Jerusalem. Hier vertrauensvolle, ahnungslose Unbefangenheit, dort Erschrecken, Misstrauen und taktische Verstellung.

Herodes ruft nun den Priesteradel und die Theologen zusammen, um von ihnen zu erkunden, „wo der Messias geboren werden sollte“. Der alte Machttaktiker holt in dieser für ihn prekären Angelegenheit also schnell seine potentiellen Gegner mit ins Boot, wohl auch, um einer neuen messianischen Bewegung vorzubeugen.

Die Hohenpriester und Schriftgelehrten verweisen auf die populäre Weissagung Micha 5, die Herodes längst selbst gekannt haben dürfte: „Und du, Bethlehem im jüdischen Land, bist keineswegs die kleinste unter den Städten in Juda; denn aus dir wird kommen der Fürst, der mein Volk Israel weiden soll.“ Dort heißt es „dessen Ausgang von Anfang und von Ewigkeit her gewesen ist“. Sowohl mit dem Ortsnamen Bethlehem als mit dem Hinweis auf die ewige Zukunft dieser Herrschaft wird eindeutig ausgesagt, dass der erhoffte Friedenskönig ein Nachkomme Davids sein wird. Sie werden wohl auch an Hesekiel 34,23f. erinnert haben, wo dasselbe gesagt wird. Ein Nachkomme Davids war Herodes durchaus nicht. Er war ein Idumäer, der zeitlebens gegen den Makel kämpfte, in den Augen vieler Traditionalisten im Volk als Newcomer nicht auf diesen Thron zu gehören. Auch die Erinnerung daran, dass dieser Friedenskönig das Volk Gottes weiden wird, konnte Herodes nicht schmecken. Denn niemand im Volk brachte Herodes mit dem Bild eines guten Hirten zusammen. Das Volk war weithin verbittert gegen den großen Gewaltherrscher.

Haben die Schriftgelehrten ihm womöglich den Satz vorgelesen (V. 2): „Indessen lässt er sie plagen bis auf die Zeit, dass die, welche gebären soll, geboren hat?“ Seine Herrschaft wurde von vielen zu den „Wehen der letzten Zeit“ gezählt. Und wenn er gehört hat: „Er wird der Friede sein“, dann wird er jedenfalls gewusst haben, dass das von ihm, Herodes, im Volk niemand behaupten wird.

Zu einer geheimen Besprechung ruft Herodes anschließend die Weisen zu sich. Er tut so, als sei er beglückt, dass mit diesem Kindlein seine leidige Nachfolgefrage gelöst sei, als habe er keinen sehnlicheren Wunsch, als diesem König zu huldigen. So „schickte er sie nach Bethlehem und sprach: Zieht hin und forscht fleißig nach dem Kindlein; und wenn ihr's findet, so sagt mir's, dass auch ich komme und es anbete“ (V. 8). Herodes erscheint hier - wie auch bei Josephus - als Lügner und Heuchler, der die Wahrhaftigkeit längst der Taktik seines Machterhalts geopfert hat.

Es wird nicht berichtet, ob die Weisen die Heuchelei des Herodes durchschaut haben. Es wird nur berichtet, sie hätten sich nach dem Gespräch mit Herodes auf den Weg gemacht nach Bethlehem, das zwei Stunden südlich von Jerusalem auf dem schmalen Rücken des judäischen Gebirges liegt.

Unterwegs sehen sie den Stern wieder. Das zeigt ihnen, dass sie auf dem richtigen Weg sind. Es zeigt ihnen auch den Ort, an dem das Kindlein zu finden ist. Große Freude erfüllt sie.

Sie finden in Bethlehem „das Kind mit Maria, seiner Mutter“. Von Josef ist hier nicht die Rede, obgleich er in anderen Teilen der Kindheitsgschichte Jesu bei Matthäus eine führende Rolle spielt.

Während von den Hirten in Lukas 2 gar nicht berichtet wird, wie sie sich vor dem Kind verhalten haben, wird hier von den Weisen gesagt: Sie fallen vor ihm nieder und beten es an. Sie knien vor dem, mit dem sich alle Hoffnung der Menschheit auf Heilung im innersten und weitesten Sinn ebenso verbindet wie die Weissagungen der Propheten auf den Heils- und Friedenskönig.

Die Weisen geben dem Kind symbolische Geschenke, Gold, Weihrauch und Myrrhe. Sie beten ihn an. Oder: „Die Weisen der Welt knien vor der fleischgewordenen Weisheit Gottes" (Peter Stuhlmacher).

Von den Weisen wird dann lediglich noch berichtet, Gott habe ihnen im Traum geboten, nicht wieder zu Herodes zurückzukehren. Sie seien daraufhin auf anderem Wege in ihr Land zurückgekehrt. Mag sein, dass sich bei den Weisen im Traum das verdichtet hat, was sie bei der Begegnung mit Herodes gewiss im Unbewussten gespürt haben: dass er dem Kindlein alles andere als wohl gesonnen ist.

Sie ziehen zurück in ihr Land. So wenig wir wissen, was vor dem Weg nach Jerusalem ihr Leben bestimmt hat, so wenig erfahren wir davon aus der Zeit nach ihrer Rückkehr aus Bethlehem.

Waren es wirklich *drei* Weise, die das göttliche Kind in Jerusalem suchten und in Bethlehem fanden? Die Zahl 3 kommt im Bericht des Matthäus nicht vor. Erst der Kirchenvater Origines (ca. 185–254) bringt die Zahl 3 ins Spiel. Er schließt aus den drei Geschenken, Gold, Weihrauch und Myrrhe, auf drei Könige.

Wann und warum wurden aus den Weisen Könige? Der Kirchenvater Tertullian sagte bereits Anfang des 3. Jahrhunderts von den Weisen, sie seien wie Könige aufgetreten. Und weil man im Kommen der Weisen die Erfüllung von Psalm 72 sah, wurden aus den Weisen Könige. Aus dem Erscheinungsfest, an dem Christus den Weisen erschienen ist, wurde das Dreikönigsfest.

Im armenischen Kindheitsevangelium, das aus dem 6. Jahrhundert stammt, werden aus den Magiern drei königliche Brüder, die jeweils verschiedene Länder regieren: Melqon (Melchior), der König von Persien, Balthasar, der König von Indien, und Gasper (Kaspar), der König von Arabien.

Um 730 schreibt der Abt Beda Venerabilis und bezieht sich dabei offenbar auf eine alte griechische Vorlage: Der erste König soll Melchior gewesen sein, ein Greis mit weißem Bart, der zweite Caspar, ein bartloser Jüngling, der dritte Balthasar, der einen dunklen Vollbart trug.

Noch im 12. Jahrhundert rechnet man im christlichen Abendland damit, dass die Welt aus drei Erdteilen bestehe: Europa, Asien, Afrika. Die Vorstellung verbreitet sich, die drei Könige würden die drei Kontinente symbolisieren: Kaspar, der jüngste König, wurde zum „Mohren" gemacht; er vertrat nun Afrika. In anderen Quellen wurde Melchior als der Vertreter Afrikas gesehen. Die Zuordnung war nie ganz einheitlich.

Jedenfalls wurde dadurch, dass man die drei Könige zu Vertretern der drei Erdteile machte, der Gedanke vertieft, dass Christus das Licht der Welt ist und dass seine erlösende und heilende Wirkung Menschen aller Völker zugutekommen soll.

Wenn übrigens die Sternsinger über unsere Türen die Buchstaben „C + M + B" schreiben, sagen sie damit nicht nur, dass Caspar, Melchior und Balthasar hier waren, sondern sie dokumentieren an unseren Türen einen Segenswunsch: „Christus mansionem benedicat", Christus segne dieses Haus.

Die grosse Angst des grossen Herodes[27]

Er regierte von 37 bis 4 v. Chr., ein Emporkömmling, der aus Idumäa stammte und der total von der Gunst der Römer abhängig war und der auch alles tat, um sich diese Gunst zu erhalten. Er wurde vom Volk eher gehasst, nicht nur weil er so romhörig war, sondern auch, weil seine ganze Handlungsweise von Misstrauen und Grausamkeit bestimmt war. Schon als Feldherr in Galiläa zeichnete ihn das aus. Gegen die altbewährte und angesehene Herrschaft der Hasmonäer setzte er seine Macht mit Hilfe römischer Truppen durch, obgleich er die Enkelin des Hasmonäerkönigs Hyrkanus II, Mariamne, geheiratet hatte. Als Halbjude konnte er nicht wie die Hasmonäerkönige zugleich König und Hoherpriester sein. Darum setzte er den 17-jährigen Enkel des Hyrkanus, Aristobul III, als Hohenpriester ein. Aber kaum hatte er die Liebe des Volkes zu diesem jungen Hohenpriester gespürt, da ließ er den 17-Jährigen beim Baden in Jericho ertränken. Weil er den Römern gegenüber zu jedem Dienst bereit war, vergrößerten diese sein Herrschaftsgebiet, so dass es schließlich umfangreicher war als das des Großreichs Davids. Seinen Ehrgeiz befriedigte er in monumentalen Bauten, die Festungen glichen. Er gab ihnen meist die Namen römischer Herrscher, u. a. Caesarea, Sebaste, die Burg in Jerusalem nannte er „Antonia". Dazu betrieb er die gewaltige Erweiterung des Tempels mit Mauern, die bis zu 32 Meter hoch und die im Osten und Westen 480 Meter lang waren. Mit diesem gewaltigen Tempelbau wollte er zeigen, dass er der endzeitliche Herrscher auf dem Thron Davids ist, der Gott ein Haus gebaut hat (nach 2. Sam 7,12–14). Die Juden hätten nun keinen Anlass mehr, auf einen Messias zu warten. Das Synhedrion (den Hohen Rat) und den Hohenpriester hat er politisch entmachtet.

Was in seiner Familie an Intrigen, Feindschaft und Mord ablief, beschreibt Flavius Josephus im „Jüdischen Krieg" (Band I, Kap. 22 bis 33). Das gäbe Stoff für einen Vielstundenkrimi, in dem er von einem Akt zum andern mehr sich selbst als machtgieriger Psychopath offenbart, der nichts mehr fürchtet als von seinen Söhnen Alexander und Aristoboulos, den Söhnen seiner Frau Mariamne, entmachtet und umgebracht zu werden. Mariamne, die er heiß geliebt hatte, hatte er aus Eifersucht hinrichten lassen. Umso mehr bevorzugte er seinen Sohn Antipater, der aus der Ehe mit seiner Frau Doris stammte. Antipater tat alles, um seinen Vater gegen die Halbbrüder aufzuhetzen. Da Herodes neun Frauen hatte, die ihm 15 Kinder gebaren und die in den Intrigen gegen den Vater kräftig mitmischten, befand sich Herodes in einem ständigen innerfamiliären Verteidigungsnotstand. Nach langem, dramatischem Hin und Her, in das Rom immer voll eingeschaltet war und das viele Menschenleben kostete, ließ er seine Söhne Alexander und Aristobul in Sebaste erdrosseln. Der Cäsar in Rom fühlte sich zu dem Ausspruch berechtigt, „besser lebe am Hof des Herodes ein Schwein" (griech. Hys) als ein eigener Sohn (griech. Hyos).

Da er realistisch annahm, dass seinen eigenen Tod im Volk niemand betrauern würde, ließ der dann todkranke Herodes die anerkanntesten und beliebtesten Persönlichkeiten des Volkes im Hippodrom einsperren mit dem Befehl an seine Schwester Salome und deren Mann Alexas, gleich nach seinem Tod sollten Bogenschützen die Eingesperrten erschießen. Dann jedenfalls werde das Volk trauern. Fünf Tage später starb er. Salome vollzog diesen Befehl nicht, sondern ließ die Eingesperrten frei. Weshalb das Volk nun Grund zu doppelter Freude hatte.

Auch wenn heute die Sicht des Flavius Josephus als einseitig beurteilt und Herodes positiver gesehen wird[28], bleibt doch festzuhalten, dass Josephus seine Darstellung auf Quellen stützt, die ganz nahe beim Geschehen entstanden sind.[29] Die grausigen Tatsachen allein zeigen, dass Herodes der Große ein ebenso von Ängsten wie von Machtgier geplagter misstrauischer und grausamer Herrscher war. Einem Menschen dieses Charakterbildes, der nichts mehr fürchtete als messianische Aufstände, ist auch der Kindermord von Bethlehem durchaus zuzutrauen. Offensichtlich war Herodes entschlossen, alles, was auch nur im Entferntesten seinen Thron gefährden konnte, im Keim zu ersticken.

Es gibt zu denken, dass die Weisen, die den neugeborenen Friedenskönig suchen, im erwählten Gottesvolk auf einen Herrscher stoßen, der sich „der Große" nennen ließ, dessen Verhalten als König aber alles andere als groß war.

Weise

Weise aus dem Orient tauchen wie aus dem Nebel auf und suchen den messianischen Friedenskönig. Im Prolog des Johannes-Evangeliums wird von dem Wort, dem Logos, der in Jesus Christus Fleisch wurde, gesagt, er sei „das wahrhaftige Licht, welches alle Menschen erleuchtet, die in diese Welt kommen" (Joh 1,9). Ich schließe daraus, dass Menschen, die in nichtchristlichen Kulturen leben, sich nicht einfach nur im Finstern befinden. Es gibt unter ihnen Frauen und Männer, deren Denken durchaus von dem Licht, das in Jesus Christus Mensch wurde, erleuchtet ist.

In der Alten Kirche hat man diese Auffassung in die Lehre vom „logos spermatikos“ zu fassen versucht, nach welcher der Logos, das Wort, das Licht, das in Jesus Christus Mensch wurde, auch in Menschen, die ihn noch nicht kennen, als eine Art Same wirkt. Man könnte es auch so sagen: Christus ist seinen Boten immer schon voraus. Nicht sie „bringen“ ihn als den Herrn Jesus Christus anderen Leuten, sondern sie entdecken in fremden Kulturen, dass er auch da schon gewirkt hat und wirkt, sie machen, was von ihm ist oder ihm nah ist, bewusst. Was ihnen dann Anlass gibt, umso mehr von ihm zu berichten und seine Art mit ihrem Leben zu veranschaulichen.

Wer von dieser Auffassung ausgeht, der wird hoffentlich nicht das Christusferne, das ihm aus solchen Kulturen oft auch massiv entgegenkommt, als Wirkung Jesu Christi deuten. Er wird besonders alles, was in Richtung Selbsterlösung und Gnadenlosigkeit tendiert, als christusfern erkennen. Die Religion des Menschen ist ein schillerndes Phänomen, das sich leicht mit diesem oder jenem christusfernen Fanatismus verbindet. Er wird der Versuchung widerstehen, andere Kulturen christlich einzugemeinden und zu vereinnahmen, indem er alles irgendwie christlich nennt, was religiös ist und was nach moralischem Anspruch riecht. Er wird es im Licht Christi lernen, die Geister zu unterscheiden (1. Joh 4,1; 1. Kor 12,10). Er wird andererseits aber hoch erfreut sein, wenn er christusnahes Denken und Handeln da und dort in einem fremden Kulturkreis findet und wenn er auf ausgesprochen edle Heiden trifft.

Eine breite Tradition der Kirche zeigt eindrücklich, dass sie fast immer da und dort in einem achtungsvollen Gespräch mit „heidnischen“ Philosophen und Dichtern war und ist. Auch die Reformation ist nicht denkbar ohne das fruchtbare Gegenüber zum Humanismus, der etwa Philipp Melanchthon und auch Johannes Brenz geprägt hat. Immer hat die Kirche in diesem Dialog mit Weisen anderer Kultur gelebt. Wo sie meinte, diesen sich sparen zu können, wurde sie selbstgenügsam und oft arrogant und herrschsüchtig. Sie braucht dieses Gespräch. Und es tut ihrem Glauben gut, wenn sie ihn immer neu mit den Augen anders glaubender und anders denkender Menschen zu sehen lernt.

So haben viele von uns besonders im christlich-jüdischen Dialog unverzichtbare Anregungen erhalten, nicht nur das Alte, sondern auch das Neue Testament aus seinen Wurzeln heraus zu verstehen. So ist heute für uns der Dialog mit Muslimen, Buddhisten, Hindus eine hilfreiche Herausforderung. Man kann denen, die solche Dialoge führen, nur immer neu den Geist der Wahrheit wünschen, der sie hören und sehen lehrt, was uns unterscheidet und was uns verbindet.

Vor allem um des Friedens und um der Gerechtigkeit willen haben die Vertreter verschiedener Religionen die Aufgabe, ja geradezu die Pflicht, sich miteinander darüber zu beraten, was dem Frieden und was wirklicher Gerechtigkeit dient. Was Samuel Huntington in seinem Welt-Bestseller „Kampf der Kulturen"[30] schreibt, darf und kann nicht das letzte Wort sein. Er mag mit seiner Feststellung, dass die kriegerischen Konfliktlinien in der Regel mit den Grenzen der Einflussgebiete der Weltreligionen identisch sind, ein Stückweit ungenau sein. Im Ganzen gesehen hat er leider doch zum Teil Recht. Und was er feststellt, kann für Christen, die an den Friedensheiland Jesus Christus glauben, nur die Herausforderung zur Umkehr und zum Aufbruch sein, zusammen mit Menschen anderer Religion zu suchen, was dem Frieden und was der Gerechtigkeit dient. Man kann an Hans Küng und sein „Projekt Weltethos"[31] kritische Fragen richten, gewiss bleibt, dass er sich einer Aufgabe gestellt hat, die uns Christen aufgetragen ist.

Es wird übrigens bei diesem Dialog mit Menschen anderer Religion oder der Philosophie überhaupt sehr darauf ankommen, dass wir Christen nicht bestimmen wollen, was Vernunft ist. Kein unfehlbares Lehramt kann den richtigen Begriff von Vernunft bestimmen. Bleiben wir im gemeinsamen Suchen nach der Wahrheit, die wir nie besitzen, die uns immer voraus ist. Bleiben wir im Vertrauen darauf, dass der Geist, der die Weisen nach Bethlehem geführt hat, uns immer neu aus unseren Irrtümern heraus in alle Wahrheit leitet (Joh 16,13).

Könige

Was bedeutet es, dass die Christenheit früh aus den Weisen Könige gemacht hat, die vor dem „König aller Könige und Herrn aller Herren" (1. Tim 6,15) knien? Was bedeutet es, dass in Jahrhunderten so viele Künstler mit großer Meisterschaft und Inbrunst diese Szene dargestellt haben?

Darin äußert sich die tiefe Sehnsucht, dass politisch Mächtige ihre Macht verstehen als ihnen von Gott anvertraut (Röm 13,1). Als zeitlich befristete Leihgabe. „Er stößt die Gewaltigen vom Thron und erhebt die Niedrigen", so singt Maria (Lk 1,52). Das ist Trost und Warnung zugleich. Eine Monarchie als Erbbesitz wird man vom Neuen Testament her schwer rechtfertigen können. Noch weniger darf ein politisch Verantwortlicher, der vor dem Friedenskönig kniet, daraus, dass er von ihm seinen Auftrag empfängt, folgern, er könne gegen Kritik anderer Menschen immun sein. Aber: Wer seine politische Macht letztlich von dem „Herrn aller Herren" empfängt, der wird sich selbstkritisch fragen, ob das, was er für richtig hält, im Licht der Wahrheit Jesu Christi bestehen kann. Er wird dann wohl wissen, dass wir in einer Demokratie leben und dass er das, was er im Licht Christi erkennt, immer nur in den demokratischen Entscheidungsprozess argumentierend einbringen kann in der Hoffnung, dass er Mehrheiten findet, es durchzuführen. Fraktionszwängen wird er sich möglichst entziehen. Und der Selbstgerechtigkeit einer Partei, als sei sie die Partei der „Guten" oder der „Besseren", wird er mit Ironie widerstehen. Er wird sich beauftragt wissen, mit Augenmaß für das Mögliche den Armen und Hilflosen zu ihrem Recht zu verhelfen gegen die rücksichtslose Gier derer, die ihren persönlichen Erfolg in der Mehrung ihres Reichtums sehen. Die Frage, wie Unterlegene zu ihrem Recht kommen, wird er keineswegs den Eigengesetzlichkeiten des Marktes überlassen. Er wird davon ausgehen, dass Menschen leicht in Versuchung geratende und egoistische Wesen sind und dass darum Regierungen eingesetzt sind, sie voreinander zu schützen. Er wird darauf achten, dass die Gefahrenpotentiale, die wir Menschen um uns aufhäufen, noch halbwegs überschaubar bleiben und dass in allem bedacht wird, dass der Mensch ein - gelinde gesagt - unzuverlässiges Wesen ist, das im Extremfall zu allem fähig ist. Unbestechliche Nüchternheit im Blick auf den real existierenden Menschen entspricht dem christlichen Menschenbild viel mehr als ein schwärmerisches Schönreden der menschlichen Natur.

Wer im Gegenüber zu Jesus Christus politisch tätig ist, der wird alles tun, um diese unglaublich vielfältig und kunstvoll gestaltete Erde als Lebensraum auch für künftige Generationen zu pflegen und zu schützen. Und weil Christus der Heiland der Völker ist, werden wir immer bedenken, wie die Völker miteinander auf dem Weg des Friedens vorankommen und dass nur aus globaler Gerechtigkeit heraus ein dauerhafter globaler Friede wächst.

Vor allem aber: Der politisch Tätige, der an der Krippe Jesu kniet, wird aus der Vergebung leben. Dann wird von ihm/ihr auf eine Gesellschaft, die weithin aus verzweifelten Anklägern besteht, eine reinigende Wirkung ausgehen, so dass auch im politischen Leben das gnadenlose Wesen einen souveränen Widerstand findet.

Und: Auch in Situationen, in denen wir Menschen keine Lösung sehen, können wir in gelassener Geduld aus der Hoffnung leben: „Sein Hand zu helfen hat kein Ziel, wie groß auch sei der Schade" (EG 299,5). Wir werden auch im politischen Leben uns leiten lassen von jenen Sätzen, die Dietrich Bonhoeffer zu Silvester 1942 seinen Mitverschwörern aufgeschrieben hat:

„Ich glaube, dass Gott aus allem, auch aus dem Bösesten, Gutes entstehen lassen kann und will. Dafür braucht er Menschen, die sich alle Dinge zum Besten dienen lassen. Ich glaube, dass Gott uns in jeder Notlage so viel Widerstandskraft geben will, wie wir brauchen. Aber er gibt sie nicht im Voraus, damit wir uns nicht auf uns selbst, sondern allein auf ihn verlassen. In solchem Glauben müsste alle Angst vor der Zukunft überwunden sein. Ich glaube, dass auch unsere Fehler und Irrtümer nicht vergeblich sind, und dass es Gott nicht schwerer ist, mit ihnen fertig zu werden, als mit unseren vermeintlichen Guttaten. Ich glaube, dass Gott kein zeitloses Fatum ist, sondern dass er auf aufrichtige Gebete und verantwortliche Taten wartet und antwortet."[32]

Wenn Reiche ihr Gold zur Krippe bringen

Die Hirten kommen mit leeren Händen zu dem im Stall Geborenen. Sie zeigen damit, was unsere wahre Situation ist. Wir haben Gott nichts zu bieten. Es sei denn, dass wir uns selbst bringen. Etwa nach Paul Gerhardts Liedstrophe (EG 37,1):

> Ich komme, bring und schenke dir,
> was du mir hast gegeben.
> Nimm hin, es ist mein Geist und Sinn,
> Herz, Seel und Mut, nimm alles hin
> Und lass dir's wohl gefallen.

Wenn ein Mensch dazu frei wird, das ist Gold wert.

Die Weisen bringen dem Kind königliche Geschenke. Damit entsprechen sie der Weissagung von Jesaja 60, wo Zion angesagt wird: „Sie werden aus Saba kommen, Gold und Weihrauch bringen und des Herrn Lob verkündigen" (V. 6).

Gold ist das typische Königsgeschenk. Es ist zugleich Ziel der Desperados jeglicher Art. Merkwürdig, dass Menschen nach diesem Stück Metall so begierig sind. Wie viele Verbrechen sind geschehen um des Goldes willen. Was wurde weltpolitisch gesündigt, weil das Gold gelockt hat.

Thomas Morus in seiner „Utopia" erträumt sich eine Menschheit, die ganz pragmatisch das Eisen höher schätzt als das Gold, da man Eisen zum täglichen Leben viel mehr braucht als dieses nutzlose Metall namens Gold. Auch Tomaso di Campanella in seiner Utopie „Der Sonnenstaat" erträumt sich eine Menschheit, die Gold und Silber ganz gering achtet und die darum die Gefäße zum allergewöhnlichsten Gebrauch - meint er Nachttöpfe? - aus Gold anfertigt. Ob auf diese Weise die längst fällige Entmythisierung des Goldes gelingen könnte? „Nach Golde drängt, am Golde hängt doch alles. Ach wir Armen!", sagt Gretchen in Goethes Faust.

Es wird kein Zufall sein, dass wir in unserer deutschen Sprache

nur einen Buchstaben verändern müssen, um beim Thema Geld zu sein.

Franz von Assisi, der als Sohn eines frühkapitalistischen Tuchkaufmanns aufgewachsen ist und der in seiner Jugend im Leben seiner Familie bis zum Überdruss erlebt hat, wie das ist, wenn sich alles nur noch ums Geld dreht, er schwor sich bei seinem Abschied vom früheren Leben, nie mehr ein Geldstück in die Hand zu nehmen. Von seinen Fraticellis, seinen Glaubensbrüdern, erwartete er das Gleiche. Als diese eines Tages auf der Straße eine „Geldkatze" liegen sahen und es dann doch nicht lassen konnten, sie aufzuheben, zischte sie aus dem Beutel eine Schlange an, die sich dort eingenistet hatte. Franz konnte sich nur bestätigt fühlen: „Hab' ich's doch gesagt: Im Geld sitzt der Teufel!"

Die Könige an der Krippe legen ihr Gold und damit ihr Geld dem Erlöser zu Füßen. Er soll den Mammon verwandeln in ein schlichtes Zahlungsmittel der Liebe.

Das ist auch die Haltung der Reformatoren dem Geld gegenüber. Bei Luther finden wir in seinem „Großen Katechismus" antikapitalistische Sätze, die wir eher bei Karl Marx vermuten würden. Aber verteufelt hat er das Geld so wenig wie Calvin. Vielmehr, durch ehrliche Arbeit sauer verdientes Geld ist anvertrautes Eigentum, das wir einsetzen dürfen, um Menschen zum Leben zu helfen. Wozu wir viel Gelegenheit haben!

Der Weise, der seinen Besitz zu den Füßen Jesu niederlegt, tut nichts anderes. Er zeigt uns den Weg, auf dem wir aus jeder Art von Goldrausch oder Geldrausch frei werden zum souveränen Gebrauch irdischer Güter.

Weihrauch und das Ende aller Beweihräucherungen

Aus seltenem Baumharz hat man den Stoff gewonnen, der zum Räucherwerk diente. In 2. Mose 30,34–38 finden wir das Rezept: Balsam, Stakte (eine Spezerei aus den Harztropfen des Mastix-Strauches), Galbanum (Gummiharz des Stecken- oder Rutenkrautes, das in der an-

tiken Medizin auch als krampflösendes Mittel eingesetzt wurde), pur ohne weitere Zutaten, gesalzen, zu Pulver zerstoßen im Mörser, miteinander vermengt. Es soll in der Stiftshütte vor der Lade entzündet werden, „wo ich dir begegnen werde". „Es soll für euch Hochheiliges sein." Nicht für den privaten Gebrauch!

Der Glaube an den einen Gott schließt Beweihräucherungen aus. Etwa die eines großen Herrschers. Oder des Vaterlandes, der Göttin Patria, in deren Folge Millionen Menschen auf jede nur denkbare Weise einander umgebracht haben. Oder die Beweihräucherung der eigenen Rasse, in deren Folge Millionen Menschen wie Ungeziefer liquidiert wurden. Oder die soldatischer Tapferkeit, durch welche verbrecherische Kriege bis zum bitteren Ende durchgehalten werden. Oder der Kunst - ist der Ausdruck „Musentempel" für eine Kunsthalle oder einen Konzertraum wirklich angemessen? Oder des Erfolgs, der dann - „der Erfolg gibt uns Recht" - gar jedes Mittel rechtfertigt. Oder des Sports - man denke an die kultischen Handlungen samt Weihrauchbecken und heiliger Flamme bei der Eröffnung Olympischer Spiele. Oder des Fortschritts, bei dem viel zu wenig gefragt wird: Fortschritt wohin? Oder die Beweihräucherung der Wissenschaft, in deren Auftrag vieles erforscht und entwickelt wird, was später zur Geißel der Menschheit wird. Man denke an die Atomspaltung oder an gentechnische Experimente bei Mensch und Tier. Oder, ganz primitiv, an die Beweihräucherung einzelner Stars, die ein Symptom der Entmündigung des Menschen ist.

Das Morgen- und Abendgebet der Priester im Tempel von Jerusalem wurde begleitet vom Verbrennen von Weihrauch (2. Mose 30,7-10). Der ganze Tag mit all seinen werktäglichen Geschäften sollte so zum Gottesdienst werden, wie Paulus in Römer 12,1 f. schreibt: „Ich ermahne euch nun, liebe Brüder, durch die Barmherzigkeit Gottes, dass ihr eure Leiber gebet zum Opfer, das da lebendig, heilig und Gott wohlgefällig sei. Das sei euer vernünftiger Gottesdienst."

Balthasar legt den Weihrauch dem Heiland der Welt zu Füßen. Was bleibt in einer Welt ohne Weihrauch? Es bleibt der nüchtern klare Blick für das, was wirklich zum Leben hilft.

Myrrhe

Myrrhe[33] ist ein dunkelrotes Harz, das von einem immergrünen Busch oder Baum der Gattung Comniphora austritt. Solche Büsche oder Bäume wachsen in Arabien, Abessinien, auch an der somalischen Küste, nicht aber in Palästina. Kennzeichnend sind das intensive Aroma und der bittere Geschmack („mor" heißt bitter). Dieses Harz wurde zur Herstellung des Salböls verwendet (2. Mose 30,23). Im Hohen Lied spielt Myrrhe als Duftstoff eine große Rolle (1,13; 3,6; 4,6.14; 5,1.5.13). Haremsfrauen konnten es zu ihrer Kosmetik gebrauchen (Est 2,12).

Myrrhe erinnert aber auch an die Einbalsamierung Jesu (Joh 19,39): Der Ratsherr Nikodemus, bringt nach Jesu Tod eine unvorstellbare Menge, 100 Pfund (!) dieses kostbaren Stoffes, vermischt mit Aloe, zur Einbalsamierung seines Leichnams.

Im Geschenk der Myrrhe wird der Leidensweg Jesu sichtbar. Aber auch die Hoheit dieses Leidens. Und vor allem: der „Wohlgeruch zum Leben", den dieser Tod für andere auf die ganze Menschheit ausstrahlt.

Von ferne erinnert die Gabe der Myrrhe an das Wort des Paulus, der den gekreuzigten Christus predigt in der Haltung: „Aber Gott sei gedankt, der uns allezeit Sieg gibt in Christus und offenbart durch uns den Wohlgeruch seiner Erkenntnis an allen Orten" (2. Kor 2,14-16). Das heißt im Sinne des Paulus: den Wohlgeruch der Erkenntnis, dass Christus zu unserem Heil sein Leben eingesetzt hat.

Im Geschenk der Myrrhe wird dem Christkind gleich dieses merkwürdig Gegensätzliche mitgegeben: dass der Mann des Leidens, der Gekreuzigte, den einen ein Bild sinnloser Qual sein wird, den anderen die Ausstrahlung des Lebens. Von der Liebe, die sich in dieser Passion verströmt, geht Leben aus! Denn: Alles wirkliche Leben verdankt sich jener hingebungsvollen heiligen Liebe, die Gottes innerstes Wesen ist.

Dass gerade der Vertreter Afrikas unter den Weisen die Myrrhe bringt! „Nobody knows the trouble I've seen, nobody knows but Jesus." Afrika durchlebt derzeit die schwerste Passion. Gerade Christen, die ursprünglich aus Afrika kommen, verstehen in tiefer Sympathie den Gekreuzigten.

Kamele und Elefanten

Dass ein reich beladenes Kamel mit den Königen aus dem Orient nach Jerusalem und dann nach Bethlehem kommt, das erinnert vor allem an den Reichtum, der nach Jesaja 60 nach Zion kommen wird: „Die Menge der Kamele wird dich bedecken, die jungen Kamele aus Midian und Epha."

Mit den weisen Königen auf ihren Kamelen kommt der Orient nach Jerusalem bzw. Bethlehem. Ihr Kommen erinnert an die große Hoffnung, dass eines Tages der Konflikt mit den Nachbarvölkern zu Ende sein und um den Berg Gottes um Jerusalem herum ein sehr freundlicher Austausch stattfinden werde: Kamele gegen Friedensweisheit, die vom Friedensberg kommt.

Der Elefant in unserer Krippenlandschaft wäre in Jerusalem oder Bethlehem eine Attraktion gewesen, hätten ihn die weisen Könige tatsächlich mitgebracht. Dieser Elefant kommt in friedlicher Absicht. In Palästina seit Jahrhunderten ausgerottet, hatte man Elefanten seither nur noch im Krieg erlebt, etwa als Antiochus V Eupator in seinem Kampf gegen die aufständischen Juden auch 32 kriegsgewohnte Elefanten einsetzt, denen er, um sie recht wild zu machen, Wein und Maulbeerschnaps zu trinken gibt und dann jedem Elefanten 1000 Mann zu Fuß und 500 Reiter zuordnet. Jeder Elefant mit

seinem Aufbau war sozusagen ein Turm in der Schlacht (vgl. 1. Makk 6).

Aber nun kommt dieses furchterregende Tier ganz friedlich nach Jerusalem, bis obenhin bepackt mit Geschenken und Proviant für den Friedenskönig. Das ist fast eine Potenzierung der Hoffnung „Schwerter zu Pflugscharen“ (Jes 2,4; Mi 4,3) und des Satzes: „Sie werden es hinfort nicht mehr lernen, Kriege zu führen. Ein jeder wird unter seinem Weinstock und Feigenbaum wohnen, und niemand wird sie schrecken“ (Mi 4,4).

Schön auch, wie der Elefantenführer dieses gewaltige Tier leitet. Mit gutem Zureden, notfalls mit einem harmlosen, zerbrechlichen Stecken.

Anbetung

Ein Gedicht zu den drei Königen, die immer wieder Lyriker und Novellisten inspiriert haben, ist mir besonders ans Herz gewachsen. Es sind Verse von Manfred Hausmann, die er mit „Anbetung“[34] überschreibt, die uns freilich gar nicht an den Orient, sondern eher an den schneebedeckten Norden erinnern.

Wir sind mit unsrer Königsmacht
schwermütig hergeritten.
Es schneite auf uns Tag und Nacht,
auf Mann und Pferd und Schlitten.

Die Tür geht auf, es summt der Wind,
wir beugen unsern Rücken,
da wir die Krippe und das Kind
im Dämmerlicht erblicken.

Hier ist das Gold, der Weihrauch hier
und hier, o Kind, die Myrrhen.
Du lächelst, und schon fühlen wir,
wie wir uns ganz verwirren.

Wir haben anders dich geglaubt.
Nun treten wir ins Dunkel
und heben ab von unserm Haupt
der Kronen Goldgefunkel.

Das Wissen von der bunten Welt,
vom Meer und seinen Häfen,
von Mond und Stern am Himmelszelt,
wir streifen's von den Schläfen.

Das Ich, das trotzig sich erschuf
über den andern allen,
will nun wie ein verlorner Ruf
im Innersten verhallen.

Wir neigen unsers Alters Gram
auf deine kleinen Hände.
Und in dem Neigen wundersam
geht alle Not zu Ende.

Die Pferde draußen schütteln sich
und klirren mit den Glocken,
und lautlos fallen Strich an Strich
darüberhin die Flocken.

Josef – Diener des Heils

Eine Hintertreppenfigur der Heilsgeschichte?

Der gelehrte katholische Prälat Hubert Bour, dem wir in der Ökumene viel verdanken, schrieb mir zum Thema Josef, lange Zeit sei man in der katholischen Kirche der Devise gefolgt „numquam satis de Maria", das heißt „nie genug über Maria". Josef sei da notorisch zu kurz gekommen. Er legte mir freundlicherweise zwei seiner Predigten[35] über „Josef - Diener des Heils" bei, in denen er sagt: „Über tausend Jahre lang hat man fast durchwegs über ihn geschwiegen. Unter den berühmten alten Kirchen Roms ist keine einzige dem Hl. Josef geweiht. Bis in die 30er-Jahre des letzten Jahrhunderts gab es im Petersdom keinen Josefsaltar." Erst 1621 sei sein Name in den römischen Heiligenkalender aufgenommen worden. Besonders Teresa von Avila (1515–1582) und die zahlreichen Frauen- und Männerklöster, die sie zu gründen geholfen habe, hätten ihn als Fürsprecher entdeckt. Besonders die Bettelorden hätten sich dann der Josefsverehrung angenommen.

In der Kunst stellte man Josef bis 1621 ohne Heiligenschein dar – so Hubert Bour. Etwa wenn er mit Maria vor der Krippe kniet: Maria mit, er ohne Heiligenschein. Mindestens bis zum 14. Jahrhundert hat man ihm einen spitzen Judenhut aufgesetzt. Die Kunst wies ihm eine untergeordnete Rolle zu: „Er ist der Typ des geplagten Hausvaters, der Brei kocht und Feuer anbläst." Oft zeigten ihn die alten Bilder „als alten, verdrossenen, oft komisch wirkenden Mann, der, außerhalb von Grotte und Stall hockend, dem heiligen Geschehen den Rücken zukehrt oder den Kopf in die Hand stützt, als ginge ihn das fromm erregte Treiben von Menschen und Engeln um die Krippe nichts an".

Hubert Bour zeigt dann, wie Josef in den Kindheitsgeschichten Jesu, wie Johannes Chrysostomus sagt, durchaus ein „Diener des

Heils“ sei, der sich zum Schutz von Mutter und Kind zur Verfügung stellt, der das Leben des Neugeborenen in seine Obhut nimmt, der es durch seine rechtliche Vaterschaft in die Ahnenreihe Davids aufnimmt. Dabei ein Mensch, dem Gott durch seine Träume Weisung gibt; „der sich von seiner Intuition, aus seinem Innersten heraus leiten lässt, und nicht von äußerer Berechnung und von dem Kalkül des eigenen Vorteils“. Keineswegs sei Josef eine Hintertreppenfigur der

Heilsgeschichte, er befinde sich vielmehr in deren Mitte. Er tue, „was für die ihm Anvertrauten gut und notwendig" sei. „Nicht aufdringlich, sondern zurückhaltend; nicht brutal, sondern feinfühlig; nicht laut, sondern leise; nicht besitzergreifend, sondern loslassend. An dieser Männlichkeit ist nichts Schwächliches." Nicht umsonst habe ihn Papst Pius XI (sein Pontifikat dauerte von 1922 bis 1939) zum Schutzpatron der ganzen Kirche erklärt. Besonders sorge Josef sich „um die Wehrlosen und Armen und Sterbenden". Hubert Bour zitiert Pater Alfred Delp: „Josef - er ist der Mann am Rande, im Schatten. Der Mann der schweigenden Hilfe. Der Mann, in dessen Leben Gott dauernd eingreift mit neuen Weisungen und Sendungen. Immer... neuer Aufbruch und neue Ausfahrt...Er ist der Mann, der ging. Das ist sein Gesetz: der dienstwillige Gehorsam. Er ist der Mann, der dient. Die dienstwillige Bereitschaft, das ist sein Geheimnis."

Im Folgenden soll an biblischen Texten einiges über diesen „Diener des Heils" aufgezeigt werden.

Wozu Stammbäume?

Wieviel Unsinn wurde mit Stammbäumen schon getrieben! Wie oft mussten sie dazu herhalten, einem Menschen das Gefühl zu vermitteln, er sei „etwas Besseres", weil er aus einer altehrwürdigen Familie stamme.

Vollends wenn ich daran denke, welche Rolle „arische Stammbäume" im Dritten Reich spielten, mit welchen Gewissensnöten viele Pfarrer, die von den Rasselehren der Nazis rein gar nichts hielten, dann schließlich eben doch ihren Gemeindegliedern diesen Ariernachweis ausgestellt haben, weil sie ihnen Ärger und Schlimmeres ersparen wollten, dann vergeht mir das letzte bisschen Stammbaumvergnügen.

Wozu dann je ein Stammbaum Jesu bei Matthäus und bei Lukas?

Es geht in ihnen nicht um die Selbstprofilierung eitler Leute, die darauf aus sind, von irgendeinem Patriarchen ein wenig Licht auf ihre späte Existenz zu erhaschen. Es geht hier vielmehr um den tiefen und weiten Zusammenhang der Heilsgeschichte Gottes mit seinem Volk und darüber hinaus mit seiner Menschheit. Und vor allem darum, in welchem Zusammenhang wir Jesus als den Höhepunkt dieser Geschichte sehen können.

Der Stammbaum Matthäus 1,1-17 beginnt mit Abraham. Ihm wurden Nachkommen verheißen, die Gott segnen werde. Dann David. Ihm wird ein Sohn versprochen, der durch Gottes Geist regieren werde. Und vor allem: Jesus selbst ist der Davidssohn, dessen Königsthron Gott der Herr auf ewig bestätigt hat und von dem er sagt: „Ich will sein Vater sein und er soll mein Sohn sein" (2. Sam 7,12-16). In diese Segenslinie wird Jesus durch das Bindeglied Josef hineingestellt. In aller Zurückhaltung, durch sein pures Dasein, verknüpft Josef seinen Sohn mit dieser Linie. Dass diese Verknüpfung mit Blutsverwandtschaft rein gar nichts zu tun hat, ist deutlich. Sowohl bei Matthäus als auch bei Lukas gilt Josef nicht als der Erzeuger Jesu. Was im Stammbaum Lukas 3,23-38 gleich im ersten Vers angedeutet wird: „Und Jesus ... ward gehalten für einen Sohn Josefs."

Führt der Stammbaum bei Matthäus von Abraham zu Jesus, so wird der bei Lukas rückwärts von Jesus bis zu Adam verfolgt, von dem es schlicht heißt: „Adam, der war Gottes." Was ist damit gesagt? Jesus ist der neue Adam, der neue Mensch, er ist der Mensch nach dem Herzen Gottes.

Beides gehört zusammen: dass Jesus die Erfüllung der Segensverheißung ist, die Abraham und seinen Nachkommen gegeben wurde. Und: dass Jesus die Erfüllung jener Hoffnung ist, unter der und von der die ganze Menschheit lebt. So verstehen wir also Jesus nur, wenn wir ihn in der Heilsgeschichte sehen, die mit Abraham beginnt und die immer wieder mit Rückblick auf die Väter und Mütter erneuert wurde. Und zugleich: Wenn wir uns klar machen: Das Ziel ist immer die Menschheit. Nie ist Jesus nur der jüdische Messias, er ist zugleich der Heiland der Völker, der Gottes Geschichte mit den Menschen zu einem heilvollen Ende bringt.

Auch die Namen verschiedener Frauen geben zu denken. Warum werden nicht die allseits anerkannten Urmütter Sarah, Rebecca, Rahel und Lea genannt? Warum dagegen Thamar, die mit raffinierter List Juda verführt, um von ihm Kinder zu bekommen? Warum die

Hure Rahab? Der Erlöser stammt offenbar nicht nur von „Marie, der reinen Magd", sondern auch von ganz anderen Frauen. Auch die Ausländerin Ruth gehört in die Linie seiner Herkunft. Denn Jesus ist wohl durch und durch Jude, „gesandt zu den Schafen des Hauses Israel", aber doch kein „Nurjude"; er ist gesandt zur Erlösung der Völker. Bathseba wird knapp und klar „die Frau Urias" genannt. Jeder kennt die Geschichte, in der Uria zum Schreibtischmordopfer Davids wurde. Die menschliche Sünde ist in die Heilsgeschichte unlösbar hineingewebt. Und Gottes Treue ist es zu danken, dass er dennoch seine Heilsgeschichte in Jesus zum Ziel bringt.

Beide Listen schließen über Josef mit Jesus. Über Josef wird Jesu Verbundenheit mit dem hoffenden Israel wie mit der hoffenden Menschheit dokumentiert. Mit Recht sagt der Holländische Katechismus[36] im Blick auf Josef: „Dieser bescheidene Mann an der Morgenröte des Heils, dieser ‚Arme Jahwes', war nach dem Gesetz das Band Jesu mit dem Volk Israel: der ‚letzte der Patriarchen'."

Gerecht und ratlos zugleich

In Matthäus 1,18-25 wird aus der Geschichte der Beziehung zwischen Josef und Maria eine Phase berichtet, in der Josef in höchste Nöte gerät. Er ist verlobt mit der gewiss noch sehr jungen Maria. Er hat sie noch nicht in sein Haus „heimgeholt". Da stellt er fest, dass sie schwanger ist. Man braucht nicht viel Phantasie, sich vorzustellen, dass ihn diese Tatsache in höchste Nöte treibt.

Josef sei fromm gewesen, das heißt ein gesetzestreuer, gerechter Mann. Er habe Maria „nicht in Schande bringen" wollen. Wobei der Ausdruck Schande noch zurückhaltend gewählt ist. Es hätte dem Mädchen Maria durchaus geschehen können, was der Ehebrecherin geschehen wäre, wenn Jesus sie nicht vor der Steinigung geschützt hätte (Joh 8,1-11). Was tun? Die Sache vertuschen, das Kind als sein eigenes ausgeben, mit der jungen Maria unter der Hypothek dieser Lüge die Ehe beginnen? Hart daneben steht: „Er dachte daran, sie heimlich zu verlassen." Weg, nur weg! Aber: Wie wären seine Mitbürger mit Maria umgegangen? Offenbar liebte er Maria. Liebe

kann ratlos machen. Und ob die beiden über die Entstehung dieser Schwangerschaft miteinander frei reden konnten, das bleibt nach diesem Bericht auch offen. Josef ist in dieser Situation, die ihm hier zugemutet wird, gerecht und ratlos zugleich.

Ein Engel des Herrn erscheint ihm im Traum und sagt ihm, er möge doch ganz furchtlos seine Verlobte zu sich ins Haus nehmen. Das Kind, das in ihr wachse, sei vom Heiligen Geist. Nähere Erklärung gibt der Engel nicht. Das soll Josef nun glauben!

Weiter sagt der Engel: Er solle dem Kind, wenn es geboren ist, den Namen geben, wie es das Recht und die Pflicht des Vaters ist, womit der Vater dieses Kindes es auch als seines anerkennt. Der Name soll

Jesus sein, hebräisch „Jehoschua“, das heißt Gott hilft, denn er werde „sein Volk retten von ihren Sünden“. Also ein Retter werde geboren. Wohl auch der Retter, wie der Engel mit Bezug auf die Weissagung des Jesaja ihn ankündigt (Jes 7,14): „Siehe, eine Jungfrau wird schwanger sein und einen Sohn gebären, und sie werden seinen Namen Immanuel heißen, das heißt Gott mit uns.“ Der Schönheitsfehler dieser Weissagung, auf den alle Kritiker der Jungfrauengeburt hinweisen, ist der, dass im hebräischen Urtext das Wort „alma“, das heißt junge Frau, steht. Und dass das Wort Jungfrau, „parthenos“, lediglich in der griechischen Übersetzung des Alten Testaments, in der Septuaginta, zu finden ist. Zwar ist im Alten Testament immer wieder erwähnt, dass Gott, wenn er wirkliche Neuanfänge bewirken wollte, Frauen schwanger werden ließ, die längst über die Zeit ihrer Fruchtbarkeit hinaus waren. Dass also bei solchen heilsgeschichtlichen Neuanfängen mehrfach Gott Unmögliches möglich macht. Aber nie wird von einer „Jungfrauengeburt“ berichtet. Für den frommen Josef war diese Botschaft des Engels eine Glaubensprobe ersten Ranges.

Dennoch lässt Josef sich ein auf das, was ihm durch den Engel gesagt wird. Schweren Herzens. Gott selbst gab ihm durch seinen Geist die Freiheit, das Unmögliche für möglich zu halten nach der Devise: „Bei den Menschen ist’s unmöglich; aber bei Gott sind alle Dinge möglich“ (Mt 19,26).

Bei dem, was der Engel sagt, fällt auf, dass er von dem Jesus, der als „Retter“ geboren werden soll, nicht sagt: „Er wird sie retten von ihren Feinden“; auch nicht: „Er wird sie retten von ihren Krankheiten“; sondern: „Er wird sie retten von ihren Sünden“. Die Sünde, das heißt der Sund, die tiefe und weite Entfernung des Menschen von Gott, ist die eigentliche Wurzel der Übel. Solange man an den Krankheiten der Menschen kuriert oder an den Feindschaften, in die er oft verfällt und mit denen er nicht fertig wird, solange kuriert man an den Symptomen herum. Die wirkliche Heilung kann nur kommen von einer wirklichen Heilung der Verbindung zwischen Gott und Mensch. Dass der, dessen Geburt angekündigt wird, Menschen in dieser Wurzel heilen wird, bezeichnet auch das Alte Testament mit dem seltenen Namen „Immanuel“, „Gott mit uns“. Der Gott mit uns –

„Gottheit und Menschheit vereinen sich beide, Schöpfer, wie kommst du uns Menschen so nah“ (EG 66,1) - ist in Maria im Werden.

Und Josef soll sein irdischer Vater sein. Von Anfang an soll dieser Immanuel auch einen menschlichen Vater haben, der zu ihm steht und der ihn beschützt.

Es wird von Josef berichtet, er habe getan „wie ihm der Herr befohlen hatte“ und Maria als seine Ehefrau zu sich genommen. Er habe nicht mit ihr geschlafen, „bis sie einen Sohn gebar“, den er Jesus nannte (V. 24 f.).

Diese kleine Satzhälfte ist übrigens alles, was Matthäus von der Geburt Jesu berichtet. Offenbar war Matthäus an Details dieser Geburt nicht interessiert, sondern nur am Faktum: Der Erlöser, der das Volk und die Völker rettet von ihren Sünden, ist geboren. „Christ, der Retter, ist da!“

Und Josef nimmt den Auftrag an, dieses sensible und bald so bedrohte Geheimnis der Erlösung - wie ein Vater sein Kind - zu schützen.

Nach Ägypten?

Josef wird gemerkt haben, dass die Weisen ihre Rückreise nicht über Jerusalem angetreten haben. Das hat ihn wohl nicht allzu sehr gewundert. Denn in Israel war die Feindschaft des Herodes gegen jede Spur aufkommender Messias-Hoffnung bekannt. Die Leute wussten, dass sie von einem misstrauischen Psychopathen regiert wurden, der zu allem fähig sein könnte. Josef wird sich gefragt haben. Wie schütze ich das mir von Gott anvertraute Kind? Wie seine Mutter?

Die Antwort kommt ihm wieder im Traum (Mt 2,13 f.). Wieder durch den Engel des Herrn: „Steh auf, nimm das Kindlein und seine Mutter zu dir und flieh nach Ägypten und bleib dort, bis ich dir’s sage; denn Herodes geht damit um, dass er das Kindlein suchen und umbringen will.“

Nach Ägypten? Mit einer stillenden Mutter samt Kind? Und: Nach Ägypten? Heißt das nicht, die Heilsgeschichte Gottes mit seinem Volk auf den Kopf stellen? Gott der Herr hat sein Volk aus dem „Knechtshaus“ Ägypten, das an kleinen israelischen Buben Massenmord geübt hat, herausgeholt „mit starker Hand“. Das war das Grundglaubensbekenntnis jedes Juden. Das jetzt drangeben? Zurück nach Ägypten fliehen? Ausgerechnet dort Schutz suchen für das Jesus-Kind, das einmal sein Volk retten soll von seinen Sünden? Wie absurd ist das: Der Mensch, durch den der befreiende Gott seinem Volk Israel helfen will, muss vor dem großen König Israels Schutz suchen im Sklavenhalterregiment des Pharao.

Aber Josef „stand auf und nahm das Kindlein und seine Mutter zu sich bei der Nacht und entwich nach Ägypten“ (V. 14). Fort, nichts wie fort, solange Flucht noch möglich ist.

Vermutlich wird Josef mit Frau und Kind nicht gerade mitten durch das Sinai-Gebirge geflohen sein, sondern den Küstenweg entlang über Askalon, Gaza, Pelusium in die fruchtbaren Gebiete Ägyptens. Strapaziös und gefahrvoll genug wird auch der Küstenweg gewesen sein. Und dann das Flüchtlings- und Asylbewerberschicksal im fremden Land.

So entspricht schon diese Flucht nach Ägypten dem, was später Jesu Los sein wird. Er hat nicht, „wo er sein Haupt hinlege“ (Mt 8,20); er wird bald der sein, dessen Todesbeschluss von seinen Feinden gefasst ist (Mt 12,14) und der, wo immer er sich bewegt, dieses Damoklesschwert über sich weiß. Am Kreuz wird er keinen Quadratmeter Boden mehr unter den Füßen haben. Er wird so die Existenz des Gottes verkörpern, von dem ein altes Weihnachtslied sagt: „Gott hat seinen Thron verlassen und muss wandern auf der Straßen.“

So ging es dann immer wieder auch seinen Boten, die in sein Geschick hineingezogen wurden. Das Leben des Paulus ist dafür ein sprechendes Beispiel (2. Kor 11,23–33). Und der Hebräerbrief, der die Situation des Christen als eine Art Pilgerexistenz charakterisiert, zeigt, wie es Christen in der Nachfolge Jesu gehen kann: „Deren die Welt nicht wert war, die sind im Elend umhergeirrt in den Wüsten, auf den Bergen und in den Klüften und Löchern der Erde“ (Hebr 11,38).

Dass Jesus schon in den ersten Jahren Asylbewerber wurde, wie später zum Beispiel die Katharer, Waldenser[37], Hugenotten und wie heute viele Christen aus dem Irak, verpflichtet uns dazu, Asylbewerbern, die aus ihren angestammten Ländern fliehen mussten, jede nur denkbare Unterstützung zu geben. Die Kirchen, die das Asylbewerberkind Jesus verehren, haben hier eine besondere Aufgabe. Und politisch wache Bürgerinnen und Bürger, die sich in der Nachfolge Jesu wissen, sind herausgefordert, ihren Einfluss auf ihre Regierungen geltend zu machen, damit die menschenverachtenden Grausamkeiten, die in unserem angeblich christlichen Abendland vor unseren – meist geschlossenen – Augen neu geschehen und die allen Sonntagsreden von Menschenrecht und Humanität Hohn sprechen, durch eine mitmenschliche Fürsorge ersetzt werden. „Was ihr getan habt einem unter diesen meinen geringsten Brüdern, das habt ihr mir getan" (Mt 25,40).

„Er (Josef) blieb dort, bis nach dem Tod des Herodes" (V. 15). Noch einmal wird mit diesem Namen daran erinnert, wie sehr sich die offizielle Regierungsgewalt des Volkes Gottes dagegen wehrt, dass der eigentliche Davidssohn, der sein Volk weiden wird, Fuß fassen kann.

Merkwürdig, wie Matthäus schließlich der Flucht nach Ägypten eine Begründung aus der Heilsgeschichte Gottes gibt. Er schreibt: „... damit erfüllt würde, was der Herr durch den Propheten gesagt hat, der da spricht (Hos 11,1): ‚Aus Ägypten habe ich meinen Sohn gerufen.'" Ursprünglich meint dieses Wort das Volk Israel, das immer wieder als adoptierter Sohn Gottes bezeichnet wird. Wie ein Sohn wurde dieses Volk aus Ägypten befreit und durch die Wüste in das Gelobte Land geführt, damit es das Gottesrecht, die Zehn Gebote, aber auch die Hoffnung auf Erlösung, unter die Völker trägt. Israel war mit dieser Aufgabe überfordert. Welches Volk wäre das nicht? Nun ist in dem Menschen Jesus das neue Israel geboren. Jesus wird diese Aufgabe Israels wahrnehmen. In ihm beginnt die Geschichte Israels noch einmal. Darum, so Matthäus, die Rückkehr zum Ausgangspunkt Ägypten, und von dort zum zweiten Mal der Weg ins Gelobte Land. Das neue Israel wird kommen und das alte durch harte Konflikte hindurch erneuern, damit Israel schließlich den Auftrag Gottes erfüllen kann, der nicht ungültig wird, denn „Gottes Gaben und Berufung können ihn nicht gereuen" (Röm 11,29).

Mit dem Spross nach Nazareth

Wir gehen heute davon aus, dass Jesus etwa im Jahr 6 v. Chr. geboren wurde, dass also die heutige Zeitrechnung auf einem kleinen Fehler beruht. Herodes der Große starb im Jahr 4 v. Chr. nach heutiger Zeitrechnung.

Die Nachricht von seinem Tod wird sich unter den zahlreichen Juden, die damals in Ägypten lebten, schnell herumgesprochen haben. Sie hat gewiss auch Josef und Maria Tag und Nacht beschäftigt. Was ist jetzt für uns dran? Können wir zurück?

Wieder erschien dem Josef im Traum der Engel des Herrn. Er gab ihm die Weisung: „Steh auf, nimm das Kindlein und seine Mutter zu dir und zieh in das Land Israel; sie sind gestorben, die dem Kindlein nach dem Leben standen" (Mt 2,20).

Wieder folgen Josef und Maria dem Engel. Sie packen ihre Sachen und machen sich mit dem Jesusknaben - konnte er schon ein paar Schritte laufen? - auf den Weg. Nach Jerusalem. Oder nach Bethlehem. Das wäre für den, der das Volk „retten soll von ihren Sünden", der richtige Ausgangspunkt. Aber Josef ist vorsichtig geworden. Er erkundigt sich unterwegs, wo immer er Juden begegnet, über die Lage in Jerusalem. Archelaus, der Sohn des Herodes, der nun in Jerusalem regiert, wie ist er? Kann man ihm trauen?

Was über Archelaus zu sagen ist, das lasse ich Adolf Schlatter[38] berichten: „Als Herodes starb, übergab er in seinem Testament Jerusalem und Judäa seinem Sohne Archelaus. Es brachen aber sofort heftige Kämpfe in der Stadt aus, und ein römisches Heer musste mit Gewalt das Volk zur Ruhe bringen. Nach langen Verhandlungen in Rom vor dem Kaiser Augustus über die neue Ordnung der Regierung bestätigte dieser schließlich das Testament des Herodes, so dass Archelaus als Fürst in Jerusalem regieren durfte. Wir wissen von seinen Taten nicht viel mehr, als dass er es schlimm getrieben und sein Volk bitter gequält hat, so dass es Augustus nach neun Jahren für nötig hielt, Jerusalem von diesem Wüterich zu befreien."

Josef empfing noch einmal im Traum eine Weisung: Er solle mit beiden ins galiläische Land ziehen, nach Nazareth, das ihnen ja von früh auf bekannt war. Nach Nazareth? „Was kann von Nazareth Gutes kommen?“ fragt später Nathanael, als Philippus ihm von Jesus erzählt, der die Erfüllung dessen sei, was im Gesetz und bei den Propheten geschrieben stehe (Joh 1,46). „Galiläa der Heiden“ nannte man in Jerusalem diese Gegend.

„... damit erfüllt würde, was gesagt ist durch den Propheten: Er soll Nazarener heißen“, so kommentiert Matthäus die Weisung des Engels. Welchen Propheten meint er da? Es ist im Alten Testament keine Verheißung enthalten, nach welcher der Messias aus Nazareth komme. Und im Übrigen müsste „Nazarener“ auf Griechisch „nazarenos“ heißen, nicht „nazoraios“.

Das Wort „nazoraios“ hängt offenbar von dem hebräischen Wort „nezer“, Spross, ab. Das freilich finden wir mit Bezug auf den künftigen Messias in Jesaja 11,1: „Es wird ein Spross hervorgehen aus dem Stamm Isai und ein Zweig aus der Wurzel Frucht bringen. Auf ihm wird ruhen der Geist des Herrn ...“ Und in Jesaja 53,2: „Er schoss auf vor ihm wie ein Spross (oder Reis) und wie eine Wurzel aus dem dürren Erdreich.“ Woraus später das Lied entstanden ist „Es ist ein Ros entsprungen aus einer Wurzel zart“. Gemeint ist ursprünglich ein Reis, ein Spross, der aus einem Baumstumpf hervorwächst. Dahinter steht die Auffassung: Mit dem Königshaus des David und seiner Herrlichkeit ist es gründlich vorbei, wie mit einem Baum, der vor Jahren schon gefällt wurde und dessen Stumpf nun durch die Jahrzehnte im Boden vermodert. Aber aus diesem abgestorbenen Baumstumpf heraus wächst ein neuer Spross. Der Gedanke Spross, verbunden mit Nazareth, „nazoraios“ und „nazarenos“ ineinander geschoben, ergibt die Aussage: Der Messias ist ein Spross aus einem toten, längst gefällten Baum, aus der Königsdynastie David. Und er kommt eben nicht aus dem hochgebauten Jerusalem, sondern aus Nazareth, von den armen, gemeinen Leuten, den Ohnmächtigen. Für sie ist er im Besonderen da. Sie führt er zurück in das Gottesvolk, wie der Hirte das verlorene Schaf zurückträgt in die Herde. „Nazaraios“ und „nazarenos“ zusammengenommen bedeutet: Er ist der Kleine-Leute-Messias oder „der Heiden Heiland“.

Dass im Übrigen Josef und Maria ziemlich bald mit der Fremdheit ihres Sohnes seinen Eltern gegenüber konfrontiert wurden, zeigt die Geschichte (Lk 2,41–52) vom 12-jährigen Jesus, der im Gespräch mit den Schriftgelehrten in Jerusalem offenbar seine Eltern ganz vergisst und der, als diese nach tagelanger Suche ihn finden und ihm Vorwürfe machen, nur sagen kann: „Wisst ihr nicht, dass ich sein muss in dem, was meines Vaters ist?" (Lk 2,49). Sie verstehen es offenbar nicht, was er damit sagen will. Von ihm aber wird gesagt, er sei mit ihnen zurückgegangen nach Nazareth – was sie auf dem langen Weg miteinander geredet und ob sie überhaupt miteinander geredet haben, wird nicht berichtet – und habe sich als Sohn seinen Eltern untergeordnet.

Wo ist Josef geblieben?

In der Geschichte des Konfliktes mit dem 12-jährigen Jesus wird Josef zum letzten Mal erwähnt. Anders als Maria kommt er dem Leser ganz abhanden. Ohne weitere Erklärung. Wo ist er geblieben? Hat er Jesu Wirken als Messias, der in Vollmacht redet und heilt, wenigstens noch aus der Ferne miterlebt? Seine Konflikte mit den Schriftgelehrten und Hohenpriestern, hat er von ihnen gehört? Musste Josef noch wie Maria Jesu Passion miterleben?

Die einfachste Antwort ist: Er ist bei Zeiten gestorben. Auf den üblichen Josefs-Abbildungen wird er als alter Mann dargestellt, dem wir es auf den ersten Blick ansehen: Er wird bald das Zeitliche segnen. Sehr gut möglich, dass man mit diesen Bildern des Greises auch den Gläubigen die Jungfrauengeburt plausibler machen und obendrein auch die katholische Lehre von der fortwährenden Jungfrauenschaft Mariens verdeutlichen wollte. Aber ein Hinweis auf den Tod Josefs fehlt im Neuen Testament.

Oder hat ihn sein Sohn, je mehr er an Alter und Weisheit zunahm (Lk 2,52), total überfordert? Hat er sich sozusagen aus der Geschichte Jesu ausgeklinkt? Die Aufgabe des Josef an Jesus war mit dessen Kindheit offenbar zu Ende. Wahrscheinlich war der Konflikt der Eltern mit dem Zwölfjährigen bereits das erste kräftige Signal dafür, dass sie diesen Sohn nicht mehr schützen konnten und dass sie das auch bald gar nicht mehr versuchen sollten.

Was sagt uns Josefs stille Stärke?

Über Josef kommt eine Aufgabe, die er sich nicht hätte träumen lassen und die seine Lebenspläne durcheinanderwirft. Er weicht seiner Aufgabe nicht aus, er nimmt erhebliche Strapazen auf sich, vom Weg mit der hochschwangeren Maria über die Flucht nach Ägypten, der Wanderung zurück nach Nazareth bis zur Aufgabe, der Vater eines Sohnes zu sein, von dem Josef wohl bald spüren musste, dass er ihm in keiner Weise gewachsen war, weil der Sohn ganz woanders her seine Direktiven empfing. Alles in allem eine höchst schwierige Aufgabe, die sich kein Mann wünschen kann.

Dann die große Schwierigkeit: Von wem ist dieses Kind? „Vom Heiligen Geist". Josef wird genug Stunden und Tage gehabt haben, in denen ihm diese Antwort wie Hohn und Spott vorkam.

Und das Gegenüber zu Maria. Es ist eine Verharmlosung, Josef als kahlköpfigen Mann darzustellen, der auf alle die Gefühle, die ein junger Ehemann hat, mit der abgeklärten Distanz des Alters zurückblickt. Wie schwer mag das alles für die beiden, Josef und Maria, gewesen sein! Wie viel Vertrauen musste Josef seiner Verlobten Maria gegenüber aufbringen. Die Maria-und-Josef-Idylle der Krippenspiele stimmt vorne und hinten nicht. Die Verbindung zwischen den beiden war eine einzige Überforderung, auch für Josef. Auch seiner Frau Maria gegenüber konnte Josef nur immer glauben und noch mal glauben, etwa nach dem Motto des Anselm von Canterbury: „Credo quia absurdum." Ich glaube, obwohl oder weil es absurd ist.

Und die Aufgabe, den Sohn Gottes zu erziehen. Was muss, was kann ich ihm sagen? Wo liege ich falsch mit meinem allzu menschlichen Denken und Empfinden? Stoße ich nicht ständig auf Situationen, die mir zeigen, dass ich hier durchaus nicht kompetent bin?

Wir machen es uns mit Josef viel zu einfach, wenn wir ihn lediglich im Hintergrund des Stalls die Laterne halten und über seine Situation nicht weiter nachdenken lassen. Schön ist es, dass die katholische Kirche ihn zum Vorbild des redlichen Handwerkers macht, zum Schutzheiligen des Schreinerhandwerks, der Zimmermänner und

der Katholischen Arbeitnehmerbewegung. Wichtiger ist es, dass wir uns die ungeheuren Spannungen vorstellen, denen Josef durch seine Aufgabe ausgesetzt war.

Wer ist Josef? Ein Mensch, der, längst ehe Jesus es sprach, das Wort erfahren hat: „Wer mir nachfolgen will, der verleugne sich selbst und nehme sein Kreuz auf sich und folge mir nach“ (Mt 16,24). Hoffen wir, dass auch Jesu Verheißung an ihm wahr wurde: „... wer aber sein Leben verliert um meinetwillen, der wird's finden.“

Und: Gott hat ihn gebraucht. Er hat sich gebrauchen lassen. Seine Bereitschaft, Gott zu dienen in einem Auftrag, für den kein Zeitgenosse Verständnis gehabt hätte, seine leidenschaftliche Geduld in der

Hoffnung des Wortes „Werft euer Vertrauen nicht weg, welches eine große Belohnung hat“ (Hebr 10,35), all das hat dazu beigetragen, dass Jesus zur Welt kommen, dass er aufwachsen, dass er zum Mann werden und wirken konnte.

Die Geschichte von Josef dem Zimmermann

Die Gestalt des Josef hat in der frühen Kirche Christen immer wieder neu beschäftigt, besonders die Kopten in Oberägypten, bei denen, etwa an der Schwelle vom 4. zum 5. Jahrhundert n. Chr., die „Geschichte von Josef dem Zimmermann“[39] entstanden ist. Sie liegt uns in sahidischer Sprache als Fragment, in bohairischer, arabischer und lateinischer Sprache als Ganzes vor. Vor allem der Tod des Josef wird in dieser Erzählung beschrieben. Die koptische Kirche hat ja am 26. Epap, das heißt am 19./20. Juli, dem angeblichen Tag des Begräbnisses des Josef, ihr Josefsfest begangen. Vorstellungen aus dem altägyptischen Osiris-Kult spielen auch mit hinein. Auch Endzeitvorstellungen, wie sie in oberägyptischen Gemeinden, die auf das 1000-jährige Reich warteten, verbreitet waren. Dazu auch mehrfach eine Abwehr der Vorstellung von der Entrückung, wie sie in oberägyptischen Gruppierungen gepflegt wurde und wie sie ähnlich heute wieder unter dem Stichwort „rapture“ in fundamentalistischen amerikanischen Kirchen Anhänger findet. Natürlich spüren wir auch die Nachwehen der Gnosis - deren Blütezeit längst vorbei war - in den Vorstellungen von der Himmelsreise jenseits des Todes durch allerhand bedrohliche astrale Blockaden hindurch.

Ich versuche, hier einiges aus dieser Schrift nachzuerzählen, was angeblich Jesus seinen Aposteln auf dem Ölberg aus den 111 Lebensjahren und besonders vom Tod seines Vaters Josef, des „gesegneten alten Zimmermanns“, berichtete:

Josef ist in Bethlehem geboren, in der rechten Weise sowohl in der Weisheit wie in der Fertigkeit des Zimmermannsberufes unterwiesen worden, hat mit vierzig Jahren eine Frau geheiratet, die ihm vier Söhne und zwei Töchter gebar, Judas, Josetos, Jakobus, Simon, Lysia und Lydia. Seine Frau starb nach vierzig Jahren Ehe und ließ ihm Jakobus als Kleinkind zurück. Josef war ein gerechter Mann, hat Gott in allen seinen Werken Ehre gemacht und von seiner Hände Arbeit gelebt.

Derweilen lebte seine Mutter Maria, „die Frau aller guten und gesegneten Eigenschaften", seit ihrem vierten Lebensjahr im Tempel und diente dort „in Reinheit". Als sie zwölf Jahre alt gewesen ist, suchten die Priester für sie einen guten Mann, der vorläufig nur verlobt mit ihr sein sollte. Unter zwölf Männern, von denen jeder einen der zwölf Stämme Israels vertrat, ist das Los auf den Witwer Josef gefallen, „den Mann des guten Greisenalters". Der nahm Maria in seine Obhut.

Dann musste er nach einer längeren beruflich bedingten Abwesenheit feststellen, dass die 14-jährige Maria schwanger war. In seiner Herzensbetrübnis aß und trank er nichts, bis ihm der Erzengel Gabriel in der Nacht erklärte, das Kind stamme vom Heiligen Geist.

Josef nahm dann seine hoch schwangere Braut - sie war einstweilen 15 Jahre alt - zur Volkszählung nach Bethlehem mit. Seine, Jesu Geburt geschah auf dem Rückweg von Bethlehem in einer Höhle, nahe dem Grab der Rahel, der Urmutter Israels. Nach der Flucht nach Ägypten und dem Aufenthalt der Familie dort verdiente sein Vater, „der gesegnete Greis", als Zimmermann durch harte Arbeit seiner Familie das Brot. Er ist bis kurz vor seinem Tod nicht kraftlos geworden, seine Augen sind nicht erblindet, kein Zahn hat ihm gefehlt und von Geistesschwäche nahm man nicht das Geringste wahr. In allem ist er 111 Jahre hindurch wie ein junger Mann geblieben.

Er, Jesus, nannte Maria seine Mutter und Josef seinen Vater und gehorchte in allen Dingen seinen Eltern. Er liebte sie sehr.

In seinem 111. Lebensjahr verkündete der Engel dem Josef, er werde noch in diesem Jahr sterben. Worauf Josef tief erschüttert nach Jerusalem zum Tempel pilgerte, vor dem Altar Buße tat und Gott bat, er möge ihm doch durch seinen Erzengel Michael beistehen, damit seine unglückliche Seele ohne Leid aus dem Körper gehen könne. Er solle doch nicht erlauben, dass seine Seele auf dem Heimweg „von den Wächtern auf dem Turm" angehalten werde. Und er möge ihn vor seinem Richterstuhl nicht beschämen. Von Jerusalem zurück legte sich Josef zum Sterben. Aber nicht im Frieden, sondern in heftiger Selbstanklage. So viel Unnützes habe er sein Leben lang geredet, so viel Skandalöses mit angesehen, so viel Eitles allzu gern gehört, nach so viel Speise habe sein Leib verlangt, die ihm doch gar nicht zugestanden habe. Sein Leib habe seine Seele zur Wüste werden lassen. Von allen Seiten sei er, der Sterbende, jetzt eingeschlossen.

Jesus schildert dann ein Gespräch mit seinem Vater Josef, der ihn überschwänglich „mein wahrer König, mein guter und barmherziger Heiland, mein Befreier, mein Steuermann, mein Beschützer" nannte. Mit Reue dachte Josef dann daran, dass er einst die ihm anvertraute schwangere Maria wegschicken wollte. Dass er ihn, den Jesusknaben, bei einem Konflikt mit einem anderen Jungen, am Ohr gezogen hatte.

Er, Jesus, musste dann weinen, dachte an seinen eigenen Tod am Kreuz für die Sünden der Welt. Mit Maria setzte er sich dann an das Bett des Sterbenden, er zu seinen Häupten, sie zu seinen Füßen. Sein sterbender Vater flehte ihn an: „Lass sie mich nicht wegtragen", die feindlichen Gewalten. Ganz realistisch schilderte Jesus dann die Sterbevorgänge bei Josef, wie seine Füße, seine Beine eiskalt geworden seien. Dann schilderte er – ganz in der Anschauungsweise der Gnosis – wie der Tod auf ihr Haus zugegangen sei, mit ihm der Teufel, dem eine unzählige Menge von „Dekanen"(!)[40] in feurigen Gewändern, Schwefel und Rauch aus ihren Mündern ausstoßend, gefolgt seien. Diese habe er, Jesus, in die Flucht getrieben. Er, Jesus, bat nun seinen Vater im Himmel, die Seele seines irdischen Vaters Josef an den finsteren Äonen, am Feuerstrom und den furchtbaren Orten heil vorbeizuführen. Und er möge, wenn Josef zu ihm komme, barmherzig mit ihm umgehen.

Nachdem Josef dann seinen Geist aufgegeben hatte, küsste er, Jesus, seinen Vater zum Abschied. Er warf sich über ihn und verschloss ihm Augen und Mund. Engel hüllten seine Seele in seidene Tücher. Sie sangen Loblieder. Seinen Geschwistern sagte er: „Er ist wirklich gestorben, aber der Tod meines Vaters Josef ist kein Tod, sondern ewiges Leben. Er ist zum ewigen Königreich gegangen, hat die Schwere des Leibes, diese Welt voll Leid und eitler Sorge, hinter sich gelassen." Er bat dann seinen Vater im Himmel, Josefs Körper unverwest und fest bleiben zu lassen bis zum „Mahl der tausend Jahre". Auch sollte er doch seines Vaters Haare, die er als Junge so oft mit den Händen festgehalten hatte, nicht bleichen. Und wer am 26. des Monats Epap den Armen Brot gebe, dem möge er Gutes geschehen lassen alle Tage seines Lebens. Wer in seinem Namen am Todestag des Josef einem anderen einen Becher Wein gebe, der möge am Mahl der tausend Jahre teilhaben dürfen. Und wenn ein armer Mann seinen Sohn Josef nenne, dann sollten Hunger und Seuche von seinem Haus fern bleiben ...

Soviel zum Inhalt der „Geschichte von Josef dem Zimmermann". Eine warme Liebe zu Josef spricht aus diesen Worten. Zugleich aber auch der Realismus, der den Tod durchaus nicht als sanftes Sterben oder gar als Entrückung erwartet. Vor allem aber das Wissen, dass Jesus, wenn es durch die enge Pforte des Todes und darüber hinausgeht, dem Sterbenden beisteht so wie seinem Vater Josef und wie jedem anderen, der an ihn glaubt.

Maria – Mutter des Herrn

Maria in der Bibel

Keine Frau in der Religions- wie in der Kulturgeschichte hat so viele Menschen bewegt wie Maria. Man könnte Bände damit füllen, wie Menschen verschiedener Kulturkreise sie erlebt und sie dann aus ihrem Erleben heraus für sich neu erschaffen haben. Aber lernen wir Maria zuerst aus den Evangelien kennen.

Mir geschehe Lukas 1,26-38

„Im sechsten Monat ...", so beginnt die erste Erzählung, die wir über Maria hören. Erinnert wird mit dieser Zeitangabe an die Geschichte, die ihrer viel älteren Verwandten Elisabeth geschah, deren Mann, der Priester Zacharias, ein Engel Gottes beim Tempeldienst erscheint und ihm ansagt, seine Frau Elisabeth werde trotz ihres fortgeschrittenen Alters noch einen Sohn zur Welt bringen. Der werde, vom Heiligen Geist erfüllt, der Vorbote des kommenden Messias sein. Als Zacharias im Blick auf ihr Alter Zweifel äußert, sagt ihm „Gabriel, der vor Gott steht", er, Zacharias, werde nun eine längere Zeit sprachlos sein, da er seinen Worten nicht geglaubt habe. Seine Sprachlosigkeit werde erst zu Ende sein, wenn der Junge, den er Johannes nennen soll, zur Welt gekommen sei.

In dieser Zeit kommt „der Engel in eine Stadt in Galiläa, die Nazareth heißt". Es ist der Engel Gabriel, der „Thronengel", was eine ganz besondere Erwählung ankündigt. Gabriel lebt wie alle Engel nur seinem Auftrag[41]. Gottes Engel lassen sich nicht bewundern, geschweige denn verehren. Der Engel lässt den hören, der durch ihn spricht. Hat er seine Botschaft ausgerichtet, dann steht er nicht herum, um sich ablichten, malen oder schnitzen zu lassen. In der Krippe meiner Frau tummeln sich viele Menschen und Tiere, jedoch keine Engel.

Aber er kommt in den sehr gewöhnlichen Ort Nazareth, „zu einer

Jungfrau, die verlobt war mit einem Mann mit Namen Josef vom Haus David; der Jungfrau Maria". Das Mädchen Maria könnte noch sehr jung gewesen sein. Schon mit dreizehn Jahren galten Mädchen damals als heiratsfähig. Verlobt war sie mit Josef, das heißt sie hatten noch keinen gemeinsamen Hausstand gegründet. Er hatte sie noch nicht „heimgeholt". Nach damaligem jüdischem Recht begründete bereits die Verlobung rechtlich die Ehe. Doch begann die eheliche Gemeinschaft erst mit der „Heimholung". Noch war sie Jungfrau.

„Sei gegrüßt, du Begnadete! Der Herr ist mit dir!" So begrüßt sie der Engel. Das ist ein feines Wortspiel: „chaire kecharitomene"! Luther übersetzt es charmant mit „Sei gegrüßt, du Holdselige!" In der

Vulgata, der lateinischen Übersetzung der Bibel, heißt es „gratia plena", „Gnadenreiche", was dem Missverständnis Vorschub leistet, als sei Maria wie eine weibliche Göttin die Spenderin von allerlei Gnaden. Wir könnten übersetzen: „Heil dir, der Heil widerfahren ist."

„Der Herr ist mit dir!" So werden Menschen begrüßt, durch die Gott seinem Volk helfen will. Kein Wunder, dass die junge Maria erschreckt fragt: „Was für ein Gruß ist das?"

Daraufhin hört sie die Worte: „Fürchte dich nicht, Maria, du hast Gnade bei Gott gefunden." Der Ausdruck bedeutet einerseits: Du bist besonders erwählt zu einem besonderen Ereignis, das für das Leben der Menschen von allergrößter Bedeutung ist, wie einst Noah, von dem es heißt: „Noah fand Gnade vor dem Herrn" (1. Mose 6,8). Erwählt ist sie auch vor allen anderen Frauen. In diesem Sinn finden wir in einigen frühen Abschriften des lukanischen Textes die Worte, die auf lateinisch heißen „benedicta tu in mulieribus" und auf Deutsch „gebenedeit seist du unter den Weibern". Es ist tatsächlich die ungewöhnlichste Erwählung, die wir uns vorstellen können.

Weiter hört Maria: „Siehe, du wirst schwanger werden und einen Sohn gebären, und du sollst ihm den Namen Jesus geben." Hat Maria gleich an die Verheißung gedacht, die in Jesaja 7,14 steht: „Siehe, eine junge Frau[42] ist schwanger und wird einen Sohn gebären, den wird sie Immanuel, Gott mit uns, nennen?" Sie selbst soll ihm den Namen geben: Jehoschua, Jesus, Gott schafft Heil! Also nicht der Mann soll den Namen bestimmen, wie es in Israel üblich war. Nach Matthäus 1,21 hat Josef den Namen später bestätigt. Ähnlich war es bei Elisabeth und Zacharias (Lk 1,60-62). In beiden Fällen das Ungewöhnliche: Durch die Frauen bestimmt Gott den Namen. Die Männer bestätigen, was ihre Frauen im Auftrag Gottes bestimmt haben.

Weiter hört Maria: „Der wird groß sein und Sohn des Höchsten genannt werden; und Gott der Herr wird ihm den Thron seines Vaters David geben, und er wird König sein über das Haus Jakob in Ewigkeit, und seine Königsherrschaft wird kein Ende haben." Wann ging es Maria voll auf, dass sie dazu ausersehen war, den so lange und so sehnlich erwarteten Messias zur Welt zu bringen? Wusste sie, was in 2. Samuel 7,12 ff. der Prophet Nathan dem König David sagt: „Ich will dir einen Nachkommen erwecken ... dem will ich sein Königtum ... auf ewig bestätigen. Ich will sein Vater sein, und er wird mein Sohn sein?" Hat sie darüber nachgedacht, dass ihr Verlobter von David abstammt und dass nicht umsonst gerade er um sie geworben hat? Kannte sie die Vision des Jesaja (9,5 f.): „Uns ist ein Kind geboren, ein Sohn ist uns gegeben, und die Herrschaft ruht auf seiner Schulter (...), auf dass seine Herrschaft groß werde und des Friedens kein Ende auf dem Thron Davids und in seinem Königreich, dass er's stärke und stütze durch Recht und Gerechtigkeit von nun an bis in Ewigkeit?" War Maria in den Büchern der Propheten zu Hause? Wir wissen nur, dass sie die besondere Fähigkeit hatte, „Worte in ihrem Herzen zu bewegen" (Lk 2,19).

Wie Johannes, der Sohn der Elisabeth, wird Jesus „groß" genannt (Lk 1,15.32). Und „Sohn des Höchsten", das heißt Sohn Gottes. Wenn im Neuen Testament von Jesus als dem Sohn Gottes geredet wird, dann geht es nicht um eine Art Gottessegen, der hier wirken soll. Vielmehr darum, dass seine ganze Existenz in Gottes eigenem Geist wurzelt; von ihm ist er erfüllt und bewegt, weshalb er seine Wohnung und sein Werkzeug ist. In diesem Sinn das Bekenntnis Gottes zu Jesus bei dessen Taufe: „Du bist mein lieber Sohn, an dir habe ich Wohlgefallen" (Mk 1,11). In diesem Sinn der Ausdruck vertrautester Verbundenheit in Jesu Jubelruf: „Alle Dinge sind mir übergeben von meinem Vater; und niemand kennt den Sohn denn nur der Vater; und niemand kennt den Vater denn nur der Sohn und wem es der Sohn offenbaren will" (Mt 11,27). Und. „Ich und der Vater sind eins" (Joh 10,30).

Sehr verständlich, dass das erschrockene Mädchen Maria auf die Eröffnung des Engels schlicht sagt: „Wie soll das zugehen (wörtlich: Wo soll das her kommen), da ich doch von keinem Manne weiß?"

Worauf der Engel antwortet: „Heiliger Geist wird über dich kommen, und Kraft des Höchsten wird dich überschatten; darum wird auch das Heilige, das geboren wird, Gottes Sohn genannt werden." Man hat immer wieder versucht, die Jungfrauengeburt aus außerbiblischen Quellen herzuleiten. Aus der Sage von Zeus, der mit

Alkmene den Herakles oder mit Danae den Perseus zeugt. Oder aus der Sage, nach der Mars mit Rhea die beiden Söhne Romulus und Remus gezeugt haben soll. Doch bei diesen Geschichten geht es darum, dass der Gott die Gestalt eines Menschen annimmt und mit der jungen Frau schläft. Von solchen Vorstellungen ist der Bericht, nach dem der Geist Maria überschattet, weit entfernt. Die Botschaft von der Geistzeugung weist auf den einen Gott, der durch seinen Geist das Nichtseiende ins Sein ruft (Ps 33,9; Röm 4,17). Die Vorstellung, dass der Geist Gottes im sexuellen Sinn wie ein Mann ein Kind erzeugt, ist im Übrigen schon darum absurd, weil das hebräische Wort für Geist, „ruach", weiblich ist.

Der Ausdruck „überschatten" erinnert an die Wolke, in der Gott sich seinem Volk in der Wüste zu erkennen gab und doch auch zugleich das Geheimnis seines Wesens verbarg (2. Mose 40,34-38). Diese Wolke erscheint wieder auf dem Berg der Verklärung, als Jesus mit Mose und Elia redet und aus der Wolke die Stimme hörbar wird: „Das ist mein lieber Sohn, an dem ich Wohlgefallen habe; den sollt ihr hören!" (Mt 17,5). In der Wolke zeigt und verbirgt sich der Gott, der seine Menschenkinder auf rechtem Weg leitet und der sie nicht verlassen wird „alle Tage bis an das Ende der Weltzeit" (Mt 28,20). Er verkörpert sich in seinem Sohn Jesus Christus.

Weiter hört Maria vom Engel: „Und siehe, Elisabeth, deine Verwandte, ist auch schwanger mit einem Sohn in ihrem Alter; sie ist jetzt im sechsten Monat, Elisabeth, die man die Unfruchtbare nennt. Denn bei Gott ist kein Ding unmöglich." Das Wort, dass „bei Gott kein Ding unmöglich ist", erinnert an die Szene (1. Mose 18,9-15), in der die drei Männer, die Abraham besuchen, ihm die Botschaft bringen, dass seine Frau Sarah ihm einen Sohn gebären werde, worauf Sarah lachen muss, da sie denkt: „Habt ihr eine Ahnung, wie alt wir sind ..." Die Drei fragen daraufhin: „Sollte dem Herrn etwas unmöglich sein?" Maria wird nun in eine Reihe mit Sarah und Abraham gestellt. Nur mit dem Unterschied, dass das Kind, das in ihr entstehen soll, auf eine noch viel unmöglichere Art entstehen wird.

„Siehe, ich bin des Herrn Magd; mir geschehe, wie du gesagt hast." Hat Maria das resignierend oder freudig bereit gesagt? Wir wissen es nicht. Wir können nur erstaunt zur Kenntnis nehmen, dass dieses Mädchen glaubt wie einst der Vater im Glauben Abraham (vgl. Röm 4,13-21), der auf Hoffnung hin geglaubt hat, da nichts zu hoffen war. Wenn der Glaube aus dem Hören des Wortes Gottes kommt (Röm 10,17), dann können wir von Maria glauben lernen.

Wohl das entscheidende Wort an ihrer Art zu glauben ist das Wort „Mir geschehe“. Also nicht irgendeine starke Tat, sondern ich lasse Gott an mir wirken.

Geistzeugung und Jungfrauengeburt

Muss ich das glauben, um ein halbwegs akzeptabler Christ zu sein? Wenn das Wort „glauben“ mit dem Wort „müssen“ verknüpft wird, zucke ich zusammen. Denn glauben und müssen, diese beiden Worte schließen einander aus. Der Glaube ist geschenkte Freiheit, die unter dem Druck des Müssens nur verkümmern kann.

Das gilt auch im Blick auf die Glaubensinhalte Geistzeugung und Jungfrauengeburt. Wer aus dem Glaubensinhalt Geistzeugung und Jungfrauengeburt ein Glaubensgesetz macht, der erdrosselt das feine Mysterium, auf das wir hier hingewiesen werden.

Nur zwei Schriftsteller des Neuen Testamentes, Matthäus und Lukas, reden von Geistzeugung und Jungfrauengeburt. Hielten Markus, Johannes und Paulus diese Versuche, das Geheimnis der Person Jesu Christi auszusagen, für verzichtbar? Offenbar kann man auch ohne den Glauben an die Jungfrauengeburt Christ sein.

Wenn das gesagt ist, möchte ich das Andere mit gleichem Nachdruck sagen: dass mir die Ablehnung von Geistzeugung und Jungfrauengeburt, weil sie unserer sonstigen Normalerfahrung nicht entsprechen, zu einfach vorkommt. Wenn ich nur das für möglich halte, das meiner alltäglichen Erfahrung entspricht und das ich begreifen kann, dann sperre ich meinen Geist in ein enges Gehäuse ein. Der Geist Gottes kann uns aus diesem Gefängnis herausführen und uns bereit und fähig machen, auch das zu erkennen, was uns jetzt noch ganz fremd ist.

Ich selbst bemühe mich um das Verständnis von Geistzeugung und Jungfrauengeburt. Auch künftig. Wohl wissend, dass unser Verstehen Stückwerk ist (1. Kor 13,12). Es ist immer nur anfängliches Verstehen.

So viel wurde mir von der Geistzeugung und Jungfrauengeburt bisher deutlich:

I Es geht hier weder um eine Abwertung menschlicher Sexualität noch um eine Aufwertung der Jungfräulichkeit. Das würde ja der Freude über die Zuordnung von Mann und Frau zueinander, die vom ersten Kapitel der Bibel an freudig betont wird, total widersprechen.

II Geistzeugung und Jungfrauengeburt sind Hinweise darauf, dass Gott mit Jesus einen grundlegenden Neuanfang für die ganze Menschheit macht. Neuanfänge geschehen in der Bibel immer wieder so, dass Gott das Unmögliche wirklich werden lässt. Besonders wenn er Menschen zur Welt kommen lässt, durch die er in besonderer Weise seinem Volk und damit auch den Völkern hilft. Das sehen wir an den geradezu unmöglichen Geburten des Isaak (1. Mose 18,13 f.), des Gideon (Ri 13,3-5), des Samuel (1. Sam 1) wie auch des Täufers Johannes.

Die merkwürdigen Umstände der Entstehung jener Personen sollen zeigen, dass es Gott allein ist, der die Initiative ergreift, damit seinem Volk und den Völkern geholfen und damit in seiner Heilsgeschichte ein neues Blatt aufgeschlagen wird. Wobei die Entstehung Jesu durch das Wirken des Heiligen Geistes dann freilich noch eine andere Qualität hat als die Entstehung von Heilsboten in der unfruchtbaren Frau.

III Bei der Geistzeugung Jesu ist der Mann ausgeschaltet. Josef hat die Rolle des Nährvaters und Beschützers. Darin liegt eine Kritik männlicher Selbstüberschätzung, wie sie sich in einem Wort wie „Männer machen Geschichte“ äußert. Nicht zufällig spielen Frauen im Leben Jesu eine besondere Rolle. Mittelalterliche Theologen wurden nicht müde, in Eva das Einfallstor der Sünde zu sehen und dagegen in Maria das Einfallstor des Heiligen Geistes. Sie haben daraus gefolgert: Was Eva schlecht gemacht hat, das hat Maria wieder gut gemacht. So dass aus Maria fast eine Art Heilsbringerin wurde. Mit diesen Auffassungen verband sich die Abwertung der Töchter Evas, die für die Sünde besonders anfällig seien. Zugleich dann die Hochschätzung der gottgeweihten Jungfrauen, die sozusagen stellvertretend für ihre Geschlechtsgenossinnen Buße tun würden. Diese typisch männliche Theologie ist schlicht unbiblisch.

Jenes „Mir geschehe …" der Maria bedeutet: Nicht der aktive Mensch mit seinen Entschlüssen und Initialzündungen wirkt das Heil, sondern Gott in Jesus Christus allein.

IV Vor allem wollten die frühen Christen mit der Lehre von der Geistzeugung darauf hinweisen, dass Jesus durch und durch vom Geist Gottes bestimmt ist, dass er und der Vater eins sind, dass er wohl ganz in dieser Welt, aber durchaus nicht von dieser Welt ist.

Dafür sollten Geistzeugung und Jungfrauengeburt das Zeichen sein, wie für die Auferstehung Jesu das leere Grab das Zeichen ist. Zeichen und Sache sollte man voneinander unterscheiden. Wir glauben und setzen unsere Hoffnung im Leben und im Sterben nicht auf die Jungfrauengeburt und das leere Grab. Wir glauben an den, von dem zwei Evangelisten sagen, er sei von der Jungfrau geboren worden. Und wir setzen unsere Hoffnung auf den auferstandenen Christus, dessen Grab leer ist.

Maria bei Elisabeth   Lukas 1,39-45

Die beiden miteinander, die ganz junge und die ganz betagte Schwangere, wie sie einander umarmen, das ist ein beliebtes Thema christlicher Kunst. Beide sind guter Hoffnung. Gebären sie eine neue Generation, in der sich Jung und Alt umarmen?

In Lukas 1,39-45, wird berichtet: „Maria aber machte sich auf in diesen Tagen und ging eilends in das Gebirge zu einer Stadt in Juda und kam in das Haus des Zacharias und begrüßte Elisabeth." Es drängt Maria, mit Elisabeth Verbindung aufzunehmen. Die beiden haben sich viel zu sagen. Beide haben sehr Merkwürdiges erlebt.

„Und es begab sich, als Elisabeth den Gruß Mariens hörte, hüpfte das Kind in ihrem Leibe." Es macht einen Freudensprung. Wenn der so lang erwartete Messias plötzlich so nah ist, dann kann, schon im Mutterleib, Johannes nicht ruhig bleiben. In diesem allerfrühesten Zustand begegnen sich diese beiden, Johannes und Jesus, zum ersten Mal. In den beiden Embryonen begegnen sich aber auch der Alte und der Neue Bund, das Alte und das Neue Testament. Denn Johannes der Täufer ist die Vollendung der Propheten, der Größte unter ihnen (Mt 11,11 f.). Dieser Freudensprung des Johannes drückt die Sehnsucht der Frommen des Alten Bundes nach der Erfüllung in Jesus aus. Das alte Gottesvolk, das Volk der ersten Liebe Gottes, findet zu seinem Messias; die Geschichte der Erlösung der Menschheit tritt in ihr „heißes" Stadium.

„Vom Heiligen Geist erfüllt", sagt Elisabeth zu Maria: „Gesegnet bist du unter den Frauen, und gesegnet ist die Frucht deines Leibes." Gesegnet ist Maria durch den, den sie im Leib trägt. „Und wie geschieht mir das, dass die Mutter meines Herrn zu mir kommt?" Maria, die Mutter des Herrn, so wurde sie in der Jerusalemer Urgemeinde genannt (Apg 1,14). Hier wird Jesus zum ersten Mal Herr, Kyrios, genannt. Womit ja das alttestamentliche Wort „Adonai", die Umschreibung des Jahwe-Namens, auf Jesus bezogen wird. Elisabeth sagt damit: Der Herr, Adonai, der Israel aus Ägypten befreit hat, dessen Name für Befreiung, Begleitung und Führung steht, steckt in diesem Kind.

Sie berichtet, was sich eben in ihrem Leib tat: „Denn siehe, als ich die Stimme deines Grußes hörte, hüpfte das Kind vor Freude in meinem Leib. Und selig bist du, die du geglaubt hast! Denn es wird vollendet werden, was dir gesagt ist vom Herrn." Für ihren Glauben ist Maria zu beglückwünschen. Ihr Glaube wird wohl durch schwere Konflikte gehen. Sie wird mitleiden und selbst leiden müssen. Aber sie wird belohnt werden.

Der Lobgesang Lukas 1,46-55

Von Maria wird aus den drei Monaten, die sie bei Elisabeth war, folgender Lobgesang wiedergegeben:

Und Maria sprach:

Meine Seele erhebt den Herrn,
  und mein Geist freut sich Gottes, meines Heilandes;
denn er hat die Niedrigkeit seiner Magd angesehen,

siehe, von nun an werden mich selig preisen alle
Kindeskinder.
Denn er hat große Dinge an mir getan,
der da mächtig ist und dessen Name heilig ist.
Und seine Barmherzigkeit währt von Geschlecht zu Geschlecht,
bei denen, die ihn fürchten.
Er übt Gewalt mit seinem Arm
und zerstreut, die hoffärtig sind in ihres Herzens Sinn.
Er stößt die Gewaltigen vom Thron
und erhebt die Niedrigen.
Die Hungrigen füllt er mit Gütern
und lässt die Reichen leer ausgehen.
Er gedenkt der Barmherzigkeit
und hilft seinem Diener Israel auf,
wie er geredet hat zu unseren Vätern,
Abraham und seinen Kindern in Ewigkeit.

„Meine Seele und mein Geist" sprechen hier. „Geist" ist in der Bibel ein Beziehungsbegriff und bedeutet das, was uns mit Gott verbindet. Man könnte frei übersetzen: „Meine Gottesbeziehung jubelt auf." Das hat der Engel ja Maria vorausgesagt: „Du wirst Freude und Wonne haben" (Lk 1,14).

Was bedeutet das Bekenntnis, dass er „die Niedrigkeit seiner Magd" angesehen hat? „Niedrigkeit" meint Bedeutungslosigkeit. Es erinnert zugleich an die Missachtung der Frau, die keine Kinder geboren hat. Es fällt auf, dass wir in der Bibel die dahinter stehende Mentalität ab dem Augenblick nicht mehr finden, in dem der Messias geboren ist. Plötzlich ist - wie über Nacht - Kinderlosigkeit weder Schande noch Schrecken. Man hat den Eindruck, dass „die vor der Erscheinung des Messias bestehende heilsgeschichtliche Notwendigkeit der Kinderzeugung jetzt dahin fiel"[43]. In dem Satz „Er hat die Niedrigkeit seiner Magd angesehen" wird - so hat es Edgar Thaidigsmann im Anschluss an Martin Luther eindrücklich dargelegt[44] - gezeigt, was uns Menschen eigentlich unser Ansehen, das heißt unsere Menschenwürde, gibt: dass Gott uns - ohne dass wir das verdient hätten - wertschätzend ansieht. Wenn sich diese Begründung der Menschenwürde bei uns durchsetzen würde, dann müssten wir nicht weiter nach irgendwelchen Fähigkeiten suchen, die unsere Menschenwürde begründen. In unser ganzes Leben von der medizinischen Ethik bis zu unserem Zusammenleben mit geistig Schwerbehinderten käme ein befreites Aufatmen!

„Kindeskinder werden mich selig preisen.“ Diese Gewissheit hat sich seither millionenfach erfüllt.

Dass er „große Dinge an ihr“ (Maria) „getan hat“, und nicht nur an ihr, wird am ersten Pfingstfest in Jerusalem vor den Vertretern der Völkerwelt bezeugt: „Wir hören sie in unseren Zungen die großen Taten Gottes reden“ (Apg 2,11).

Dass „seine Barmherzigkeit währt von Geschlecht zu Geschlecht bei denen, die ihn fürchten“ nimmt das auf, was in Psalm 103,17 und 2. Mose 20,6 steht und was die Mitte des Alten Testamentes ist. Dass er „Gewalt mit seinem Arm übt und zerstreut, die hoffärtig sind in ihres Herzens Sinn“, das erlebt die Menschheit seit dem Turmbau zu Babel (1. Mose 11) bis in die jüngste Gegenwart. Es ist ein Grundgesetz der Geschichte, dass Hochmut vor dem Fall kommt und dass im Übrigen die Leute, die sich zusammentun, um sich „einen Namen zu machen“, sich morgen gegenseitig massakrieren.

Dass Gott der Herr „die Gewaltigen vom Thron stößt und die Niedrigen erhebt“, kündigt Jesus als die Wirkung seines Kommens schon bei seinem ersten Auftreten in Nazareth an (Lk 4,18.19 vgl. Jes 61,1.2). Diese Sätze haben immer neu dazu beigetragen, dass, von der polnischen Solidarnosz-Bewegung bis zur Theologie der Befreiung in Süd- und Mittelamerika, Maria zur Patronin von Befreiungsbewegungen wurde.

Dass er „die Hungrigen mit Gütern füllt und die Reichen leer ausgehen lässt“, hat im Blick auf das „Imperium der Schande“[45], nach welchem in marktradikaler Manier unterlegene Völker in den Hunger gedrängt werden, umstürzende Konsequenzen. Maria sieht in ihrem Sohn den, der die Hungrigen mit Gütern füllt und die Reichen, die sich ihres Reichtums rühmen und ihn nicht für das Leben der Hungrigen einsetzen, leer ausgehen lässt.

„Er gedenkt der Barmherzigkeit und hilft seinem Knecht Israel auf - wie er geredet hat zu unseren Vätern.“ Israel wird als Knecht Gottes angesprochen (Jes 41,8-10). Die Sendung Jesu zielt letzten Endes auf die Wiederherstellung Israels, wie Paulus das besonders in Römer 11 darstellt: „Ganz Israel wird gerettet werden.“ Denn Gottes Gaben und Berufung können ihn nicht gereuen“ (Röm 11,29). Nicht umsonst verstehen die Vertreterinnen und Vertreter Israels Maria (Lk 1,46-55), Zacharias (Lk 1,68-79), Simeon (Lk 2,28-32), Hanna (Lk 2,38), was Gott durch Jesus Christus tut, als Erfüllung dessen, was er Israel zugesagt hat.

Geburt im Stall   Lukas 2,1-20

Warum musste Maria im hochschwangeren Zustand den weiten Weg von Nazareth nach Bethlehem - zu Fuß etwa eine Drei-Tage-Reise - auf sich nehmen, um dort ihr Kind zur Welt zu bringen? Warum überhaupt die Schätzung, Volkszählung oder Registrierung von Land und Leuten durch den Kaiser Augustus? Warum wird der Kaiser nicht bei seinem Namen Oktavian, sondern bei seinem Kultnamen Augustus, das heißt „höchster Ehre würdig“, genannt, der ihm im Jahr 27 v. Chr. vom römischen Senat verliehen worden war? Augustus ließ sich ungeniert vergotten. Er ließ sich, zum Beispiel von Vergil in seiner Äneis (VI, 791), als „göttlicher Sohn“ verherrlichen, „der die goldene Zeit wieder nach Latium bringt ... der das Reich ausdehnte bis über der Inder Gebiet“[46].

Nach einer 1899 in Priene in Kleinasien gefundenen Inschrift wurde die Geburt des Kaisers Augustus als Beginn einer neuen Zeitrechnung gefeiert. Er sei „das gemeinsame Glück aller Geborenen“, der größte Wohltäter aller Zeiten, seine Geburt sei daher der Beginn aller Freudenbotschaften. Dreimal hat Augustus, der von 31 v. Chr. bis 14 n. Chr.(!) geherrscht hat, eine Schätzung durchgeführt, das heißt, er ließ die Menschen seines Reiches zählen und ihre Grundstücke registrieren. Für strenggläubige Juden war die ganze Maßnahme ein Ärgernis, denn Zählungen des Volkes Gottes galten als verwerflich. Schon David war dafür bestraft worden (2. Sam 24). Land und Leute gehören nicht einem Kaiser, sondern Gott allein. Dass auf

Schätzungen in der Regel Steuererhöhungen folgten, hat diese Maßnahme in den Augen vieler Juden noch verhasster gemacht.

Dass nun der König aller Könige und Herr aller Herren (1. Tim 6,15; Offb 17,14; 19,16) ausgerechnet im Zug einer Volks- und Landzählung des damals „größten Herrschers aller Zeiten" geboren wird, ist kein Zufall. Seine Geburt ist ein Stachel im Fleisch jeder Großmachtverherrlichung und ganz besonders jeder Selbstvergottung eines Staates oder eines Herrschers. Dass die römische Weltmacht ihn gekreuzigt hat, dass bald darauf die Christenverfolgungen sich besonders am Kaiserkult entzündet haben, das alles liegt in einer Linie.

Ist es ein Zufall, dass in diesem Zusammenhang zum ersten Mal das Wort „Oekumene" vorkommt? Der absolute Staat will die ganze „Oekumene", die ganze von Menschen bewohnte Erde, zu seinem Besitz erklären. Wir Christen sind in ökumenischer Verbundenheit dazu berufen, im Namen des Herrn aller Herren jedem totalitären Staat Widerstand zu bieten.

Dass Josef zur Schätzung nach Bethlehem musste, war klar. Er stammte von dort, besaß dort vielleicht noch ein Stückchen Land. Aber warum ging Maria mit? Weil sie meinte, der Davidssohn müsse nach Micha 5 in der Davidsstadt Bethlehem zur Welt kommen? Oder schlicht, weil ihr in ihrer Gefährdung der Schutz ihres Verlobten Josef die Strapazen der Reise wert war?

Hat Maria ihr Kind in einem Stall oder in einem sehr einfachen Bauernhaus, in dem Mensch und Tier unter einem Dach lebten, geboren? Oder in einer Erdhöhle, wie sie in der Gegend von Bethlehem oft als Stall verwendet wurden und wie die orthodoxe Kirche sie auf ihren Bildern darstellt? Wesentlich ist, dass der Sohn Gottes „keinen Raum in der Herberge" findet nach dem Wort „Er kam in sein Eigentum, und die Seinen nahmen ihn nicht auf" (Joh 1,11). Maria teilt so das Geschick der ungezählten Frauen, die unter ähnlichen Umständen ihre Kinder zur Welt bringen und aufziehen müssen. Von Anfang an ist sie darum die „Maria der Armen", wie ihr Sohn zum „Jesus der Armen" wird.

„In Windeln gewickelt" hat ihn Maria. Dass das real Irdische bei dieser Geburt so nüchtern und anschaulich beschrieben wird, dass keine wundersamen Vorgänge diese Geburt im Stall verklären, soll deutlich machen: Gott selbst, wenn er einer von uns Menschen wird, teilt das Geschick der Armen dieser Erde.

Im Übrigen ist Jesus Marias „erstgeborener Sohn". Das heißt, sie hat (laut Lk 8,19; Apg 1,14) noch weitere Söhne und Töchter geboren, etwa Jakobus, Joses, Judas, Simon, dazu die Schwestern, deren Namen uns nicht überliefert sind. Wir haben keinen Anlass, um einer ewigen Jungfräulichkeit Mariens willen, von der die Bibel nichts weiß, aus Brüdern und Schwestern Stiefbrüder und Stiefschwestern oder Cousins und Cousinen zu machen.

Wie wird sich Maria verhalten haben, als die Hirten zur Krippe kamen? Der Bericht darüber ist so schlicht als möglich: „Und sie kamen eilend und fanden beide, Maria und Josef, dazu das Kind in der Krippe liegen." Von Maria wird nur berichtet: „Maria aber behielt alle diese Worte und bewegte sie in ihrem Herzen" (V. 19).

Beschneidung Jesu und der alte Simeon

Der Sonntag nach dem Christfest gilt in unserer evangelischen Kirche als Tag der „Beschneidung und Namensgebung Jesu", an dem an das erinnert wird, was in Lukas 2,21 nachzulesen ist: dass das Kind nach der Vorschrift 1. Mose 17,9-12 (auch 3. Mose 12,3) beschnitten und dass ihm der Name Jesus gegeben wurde.

Kurz nach dem Zusammenbruch des Dritten Reiches hat Karl Barth in seiner Vorlesung über das Apostolische Glaubensbekenntnis in den Trümmern Bonns[47] ganz neu betont, dass Gott in Jesus ein jüdischer Mensch wurde und dass Jesus Jude war, der in der Glaubenstradition seines Volkes lebte und nur aus ihr zu verstehen sei. Das sagen uns auch zum Beispiel jüdische Bücher über Jesus von David Flusser, Schalom Ben-Chorin und Pinchas Lapide[48]. Die Arbeitsgruppe „Juden und Christen" auf den Deutschen Evangelischen Kirchentagen und auf den Deutschen Katholikentagen, die „Instituta Judaica" an Universitäten, nicht zu vergessen in Württemberg der Denkendorfer Kreis und die Arbeitsgruppe „Wege zum Verständnis des Judentums" sowie die Gesellschaften für jüdisch-christliche Zusammenarbeit oder jüdisch-christliche Begegnung - sie alle haben viel dazu beigetragen, Jesus aus dem Judentum heraus zu verstehen, und wurden von der Erfahrung geleitet, dass, sobald Jesus von seinen jüdischen Wurzeln gelöst ist, er von dieser oder jener Ideologie zu deren Rechtfertigung missbraucht wird. Es entsteht dann ein Jesus, an dem sich die Feststellung des Theologen Martin Kähler Ende des 19. Jahrhunderts bestätigt: „Es ist zumeist der Herren eigner Geist, in dem sich Jesus spiegelt."[49]

Und Maria? Sollte sie nicht auch aus ihren jüdischen Wurzeln heraus verstanden werden? Schalom Ben-Chorin versucht das in seinem Buch „Mutter Mirjam. Maria in jüdischer Sicht"[50]. Je weniger wir Maria aus ihren jüdischen Wurzeln verstehen, desto mehr wird Maria zur Projektionsfläche für unsere eigenen Ideale. Und desto weniger bekommen wir die wirkliche Maria, die Mutter Jesu, zu Gesicht.

In Lukas 2,22-24 wird über die „Reinigung Marias und die Darstellung Jesu im Tempel" berichtet. Dem jüdischen Gesetz (3. Mose 12) gehorchend, ließ sich Maria im Tempel wieder für rein, das heißt für kultfähig erklären. Nach der Geburt eines Jungen erfolgte das nach 40 Tagen, nach der Geburt eines Mädchens merkwürdigerweise nach 80 Tagen. Für das Reinigungsopfer hatten normalbegüterte Familien ein Lamm zu bringen; arme Leute zwei junge Tauben oder Turteltauben. Dass für die Reinigung der Maria zwei Tauben gebracht wurden, zeigt uns, dass Maria und Josef zu den armen Leuten gehörten.

Mit der Reinigung der Mutter war die Darstellung des Kindes verbunden. Alles, was männlich war und als Erstgeburt zur Welt kam, galt als alleiniger und heiliger Besitz Gottes (2. Mose 13,2). Jesus war freilich von Anfang an durch Gottes Vorbestimmung mehr als jeder andere dem Dienst Gottes geweiht. Lukas rückt darum seine Darstellung besonders in den Vordergrund. Durch sie wird bezeugt, dass er als „Sohn des Höchsten" für seinen ganz unvergleichlichen Dienst Gottes bestimmt ist.

Dann „die Begegnung mit Simeon im Tempel" (Lk 2,25-35). Simeon heißt Erhörung. Der fromme alte Mann war, vom Geist Gottes angeregt, in den Tempel gekommen. „Er wartete auf den Trost Israels, und der Heilige Geist war mit ihm", heißt es von ihm. Offenbar wartete er besonders auf die Erfüllung der Zusage, die das Volk durch

Deuterojesaja erhalten hatte: „Tröstet, tröstet mein Volk! spricht euer Gott. Redet mit Jerusalem freundlich und predigt ihr, dass ihre Knechtschaft ein Ende hat, dass ihre Schuld vergeben ist" (Jes 40,1 f.; vgl. Jes 52,7-10). Simeon hatte vom Heiligen Geist die Zusage erhalten, er werde noch vor seinem Tod den lang erwarteten Messias, den Christus, sehen. Beim Anblick des Kindes Jesus kommt über ihn die intuitive Gewissheit, dass er, Jesus, der ersehnte Heiland sei. Er nimmt das Kind auf seine Arme und spricht:

> Herr, nun lässt du deinen Diener im Frieden fahren,
>   wie du gesagt hast;
> denn meine Augen haben deinen Heiland gesehen,
>   den du bereitet hast vor allen Völkern,
> ein Licht, zu erleuchten die Heiden
>   und zum Preis deines Volkes Israel.

Er kann nun im Frieden das Zeitliche segnen. Alle anderen Gottesdiener vor ihm konnten nur sterben mit der Hoffnung „Herr, ich warte auf dein Heil" (1. Mose 49,18). Er, Simeon, weiß nun, dass der Heiland, der sein Volk erlösen wird, da ist, ja, dass er ihn sogar auf seinem Arm hält.

Und gleich erleuchtet diese Gewissheit den Völker-Horizont, auf den zu Simeon immer hofft und denkt. Der Heiland Israels ist das „Licht der Welt", wie Deuterojesaja als Zusage Gottes bezeugt: „Ich habe dich zum Licht der Heiden gemacht, dass du mein Heil seiest bis an die Enden der Erde" (Jes 49,6). Das nun aber keinesfalls so, dass er seinem Volk Israel den Rücken zukehren würde, um sich den Völkern zuzuwenden. Im Gegenteil: Mit Deuterojesaja erwartet Simeon, dass Israel gerade dadurch im Glanz erstrahlt, dass sein Messias auf die Völkerwelt Heil und Segen bringt (vgl. Jes 55,5; 60,9).

Zu Maria besonders sagte Simeon über Jesus: „Dieser ist gesetzt zum Fall und zum Aufstehen für viele in Israel und zu einem Zeichen, dem widersprochen wird, damit vieler Herzen Gedanken offenbar werden." Kein harmloser lieber Heiland, sondern einer, an dem sich die Geister scheiden. Aber die werden durch ihn aufstehen, die wirklich auf das Heil ihres Volkes und auf das Heil der Völkerwelt warten. Sie werden, wenn sie ihm begegnen, Morgenluft wittern. Sie werden all das Österliche an ihm mit heißer Freude begrüßen. Er wird Menschen zur Umkehr befreien weg von der falschen Frömmigkeit, in der der Mensch sich selbst retten will, hin zu jener Gottesliebe, in der ein Mensch ganz einig wird mit Gott, damit er an ihm und durch ihn tut, was seinen Heilswillen voranbringt.

In diesen Zusammenhang das Wort, das Maria getroffen haben wird: „Und auch durch deine Seele wird ein Schwert dringen." Bedeutet das, dass durch diesen Sohn der Streit um ihn auch in ihre, Marias, Familie getragen wird, wie Jesus es (Mt 10,34-39) vorausgesagt hat? Oder meint es vor allem, dass Maria in den öffentlichen Konflikt gegen ihren Sohn hineingezogen werden und dass sie schließlich als „mater dolorosa", als schmerzensreiche Mutter, unter seinem Kreuz stehen wird?

Und dann noch die „Begegnung mit Hanna im Tempel" (Lk 2,36-38). Sie dürfte tatsächlich 104 Jahre alt gewesen sein, als sie nach sieben Jahren Ehe noch 84 Jahre lang als Witwe asketisch mit Fasten und Beten im Tempel mit dabei war. Wobei dieses Fasten gewiss Ausdruck ihrer Sehnsucht nach der Fülle der Heilszeit war. Auch sie erkennt in Jesus den künftigen Heiland. Und es ist kein Zufall, dass auch eine Frau als Zeugin für ihn, den künftigen Erlöser, dem Kind und seinen Eltern begegnet.

Maria und ihr erwachsener Sohn

Wie kam Maria mit ihrer besonderen Aufgabe, Mutter dieses Sohnes zu sein, zurecht? Das können wir nur erahnen, wenn wir uns verschiedene Erzählungen vergegenwärtigen.

Die erste dieser Erzählungen ist die vom 12-jährigen Jesus (Lk 2,41-52): „Wisst ihr nicht, dass ich sein muss in dem, das meines Vaters ist?" Diese Antwort hat den Eltern, die sich die allergrößten Sorgen gemacht hatten, viel zugemutet.

„Und seine Mutter behielt diese Worte in ihrem Herzen." Das heißt, sie hat sich damit auseinandergesetzt, dass er bald nur noch seinem eigentlichen Vater zu gehorchen haben wird und dass sie, die Eltern, dann ganz in den Hintergrund treten müssen.

Die zweite Erzählung ist die von der Hochzeit zu Kana (Joh 2,1-11), an deren Tafel nicht nur Jesus und seine Jünger sitzen, sondern auch Maria. Der Wein geht vor der Zeit aus. Die Verlegenheit ist groß. Maria nimmt ihren Sohn beiseite, ob er nicht etwas tun könne, um die Situation zu retten. Sie bekommt die Antwort: „Frau, was verbindet dich mit mir?“ Luther übersetzt noch schroffer: „Weib, was habe ich mit dir zu schaffen?“ Ein tiefer Schnitt wird sichtbar zwischen Mutter und Sohn. Die Mutter soll nicht glauben, er sehe seinen göttlichen Auftrag darin, ihr zu Diensten zu sein.

Wie reagiert Maria darauf? „Was er euch sagt, das tut“, sagt sie denen, die in ihrer Verlegenheit auf eine positive Wendung warten. Maria vertraut still dem Sohn, auch wenn er sie eben noch in brüskierender Form zurückgewiesen hat.

Der Rest der Erzählung ist bekannt. Jesus verwandelt Wasser zu Wein. Er lässt die Hochzeitsgäste etwas schmecken von der hochzeitlichen Freude und Fülle, die in seinen Reichs-Gottes-Gleichnissen aufleuchtet. Maria scheint an ihrem Sohn und seiner Sendung verstanden zu haben, dass es ihm um diese Freude der letzten Hochzeit zwischen Gott und seinem Volk, zwischen Gott und Mensch, geht.

Gleich zwei Mal (Mt 12,46-50; Lk 8,19-21) wird in den Evangelien berichtet, dass Jesus seine Mutter und seine Brüder geradezu verleugnet, jedenfalls sehr brüskierte, als diese sich zu ihm auf den Weg gemacht hatten, um ihn zu sprechen. Matthäus berichtet, Jesus habe dazu gesagt „Wer ist meine Mutter und wer sind meine Brüder“? und habe auf die Jünger gewiesen: „Siehe, das ist meine Mutter und das sind meine Brüder! Denn wer den Willen tut meines Vaters im Himmel, der ist mir Bruder und Schwester und Mutter.“

Warum redet Jesus nicht mit ihnen? Er wird gewusst haben, dass sie nicht kamen, um von ihm über die nahe Gottesherrschaft aufgeklärt zu werden. Sondern: um ihn „zur Vernunft zu bringen“, das heißt dazu, sich in die Grenzen einer normalen unanstößigen Frömmigkeit einzuordnen, nichts zu sagen und nichts zu tun, was die Wortführer der Religion herausfordert. Schließlich könne das ja in einer Art Sippenhaft auf die Familie, auf sie alle, zurückschlagen.

Die schroffe Art, wie er mit ihnen umgeht, zeigt deutlich, dass zwischen ihm und den Brüdern, auch zwischen ihm und der Mutter, eine tiefe Entfremdung stattgefunden hatte. Und dass in der verschärften Fassung dieser Erzählung in Markus 3,20 f. ganz offen berichtet wird: „Sie machten sich auf den Weg und wollten ihn festhalten; denn sie sprachen: Er ist von Sinnen“, das zeigt, dass in der Familie ein Gemisch aus Sorge, Angst und Aggression gegen ihn kurz vor dem Explodieren war.

Offenbar hat Jesus, wenn er davon sprach, dass seine Nachfolgenden Brüder, Schwestern, Vater, Mutter verlassen um seines Namens willen (Mt 19,29), auf dem Hintergrund eigener Erfahrungen gesprochen. Und er sagt sogar das befremdliche Wort (Lk 14,26): „So jemand zu mir kommt und hasst nicht seinen Vater, Mutter, Frau, Kinder, Brüder, Schwestern, auch dazu sein eigenes Leben, der kann nicht mein Jünger sein.“ Das zeigt nicht zuletzt auch, wie emotional der Konflikt in der eigenen Familie um seine Person entbrannt war. Nirgends wird berichtet, Maria hätte in diesem Konflikt vermittelnd gewirkt.

Hat Maria gespürt, dass mit der Geburt des Messias Jesus sich eine tiefe Veränderung in den überkommenen familiären Beziehungen vollzogen hat und dass diese nun an ihrem Sohn und an denen, die seine Nähe suchen, immer deutlicher wird? Dass die Begriffe familiärer Verwandtschaft bei denen, die in seiner Ausstrahlung leben, nun einen ganz anderen Sinn bekommen würden, so dass der Vater nicht mehr der Erzeuger, sondern der Vater im Geist ist, die Mutter eine Mutter im Glauben, dass die Begriffe Bruder, Schwester künftig eine ganz andere Beziehung bezeichnen?

Umso erstaunlicher, dass die Mutter Maria eine der drei Marien ist, die in den schweren Stunden, in denen Jesus am Kreuz hing, bei ihm unter seinem Kreuz standen. In Johannes 19,25–27 heißt es: „Es standen aber bei dem Kreuz Jesu seine Mutter und seiner Mutter Schwester, Maria, die Frau des Klopas, und Maria von Magdala. Als nun Jesus seine Mutter sah und bei ihr den Jünger, den er lieb hatte, spricht er zu seiner Mutter: Frau, siehe, das ist dein Sohn! Und von der Stunde an nahm sie der Jünger zu sich.“

Unter dem Kreuz Jesu drei Frauen! Wo sind die Männer? Sie haben sich längst aus dem Staub gemacht. Nein, einer von den Jüngern ist Jesus unter dem Kreuz treu geblieben: Johannes. Er war wohl der Jüngste von ihnen. Drei Frauen und ein großer Junge halten die Stellung.

Und nun: Maria, die Mutter, unmittelbar neben ihm. Was wird ihr durch den Kopf gegangen sein in diesen Stunden? Er, der das Volk erlösen soll von allen ihren Sünden, muss die Sünde, den Gotteshass, so unmittelbar erfahren. Er, der die Gewaltigen vom Thron stoßen und die Niedrigen erheben wird, ist nun „erhoben", aber wie! Dazu auch noch die Hinrichtungsart der Kreuzigung! „Verflucht ist, wer am Holz hängt" (5. Mose 21,23; Gal 3,13). Der dazu bestimmt ist, Menschen aus dem Fluch ihrer Gottesfeindschaft zu lösen, nun selbst ein Verfluchter. Welche Nöte erleidet Maria unter dem Kreuz! Wie wird ihr Glaube auf die Probe gestellt!

Und was wird aus ihr, Maria, werden? Jesus gibt ihr seinen vertrauten Jünger zum Sohn. Ihm gibt er seine Mutter zur Mutter. Womit er in der Todesstunde an ihr gerade das wahr macht, was ihr vorher doch offenbar anstößig war: dass die familiäre Bindung des Blutes dadurch ersetzt wird, dass er Menschen, die in seiner Ausstrahlung leben, einander schenkt als „Vater, Mutter, Sohn, Tochter, Schwester, Bruder". So entsteht unter dem Kreuz Jesu erst wirklich die neue Familie Gottes, deren belebende Mitte er selbst ist.

Wir finden dann Maria in der ersten Gemeinde Jesu wieder (Apg 1,12-14). Nach dem Erlebnis des Abschieds des auferstandenen Christus zu Gott - die Wolke, die ihn aufnimmt, verbirgt und offenbart zugleich Gottes Gegenwart - kehren die Jünger nach Jerusalem zurück. Sie versammeln sich im Obergemach jenes Hauses, in dem sie sich gern aufhielten, um miteinander zu beten, „samt den Frauen und Maria, der Mutter Jesu, und seinen Brüdern". Durch den Kreuzestod Jesu sind sie zu seiner Kreuzgemeinde geworden. Durch die Begegnung des Auferstandenen mit ihnen zu seiner Ostergemeinde. Maria mitten unter ihnen. Die Mutter des Herrn wird aber im Neuen Testament nie Mutter der Gemeinde genannt. Noch weniger wird sie als Mutter der Kirche vorgestellt. Die Verehrung Jesu wird nicht auf seine Mutter und seine Brüder übertragen. Nicht zu den Angehörigen Jesu blickt die Gemeinde auf, sondern mit seinen Angehörigen zu ihm, der allein Heil und Frieden bringt.

Maria im Protevangelium des Jakobus

Auch in den apokryphen Kindheitsevangelien[51] wird mancherlei über Maria berichtet. Was wir hier finden, ist legendarischer Stoff, der nicht als historische Quelle verstanden werden kann. Besonders mit Maria befasst sich das Protevangelium des Jakobus[52], das dem Her-

renbruder Jakobus zugeschrieben wurde, das aber nicht vor 150 n. Chr. entstanden sein kann. Es berichtet Folgendes:

Joachim, ein reicher und frommer Mann, wird bei der Darbringung eines Opfers durch einen Mitbürger beleidigt. Es zieme sich nicht, dass er als erster sein Opfer bringe, denn er habe ja noch keinen Sohn gezeugt. Das kränkt Joachim ungemein. Er zieht sich in die Wüste zurück, fastet, betet vierzig Tage und vierzig Nächte.

Seine Frau Anna beklagt einstweilen zu Hause ihre Kinderlosigkeit. Am großen Tag des Herrn, an dem jeder Jude sein Festkleid anlegen soll, zieht sie ihr Brautkleid an, setzt sich in ihrem Garten unter einen Lorbeerbaum, fleht zu Gott, er möge ihr, wie einst der Sarah, einen Sohn schenken. Alle Vögel, alle Fische sind fruchtbar, nur ich nicht, so klagt sie Gott ihr Leid.

Ein Engel des Herrn tritt darauf zu ihr und verspricht ihr, sie werde empfangen und gebären und ihre Nachkommenschaft werde in der ganzen Welt genannt werden. Worauf Anna gelobt, wenn sie ein Kind empfange, werde sie es dem Tempeldienst weihen.

Bald darauf kehrt Joachim zu ihr zurück. Anna sagt ihm: „Jetzt weiß ich, dass der Herr, mein Gott, mich reich gesegnet hat."

Sieben Monate später gebiert Anna eine Tochter, die sie Maria nennt. Kaum ist sie drei Jahre alt, bringen ihre Eltern sie in den Tempel. Der Priester empfängt sie herzlich mit dem Segenswort: „Der Herr hat deinen Namen groß gemacht unter allen Geschlechtern; an dir wird der Herr am Ende der Tage seine Erlösung für die Söhne Israels offenbaren." Das Kind wird hübsch, tanzt, ganz Israel gewinnt es lieb. Es wird im Tempel wie eine Taube gepflegt. Seine Nahrung empfängt es aus der Hand eines Engels.

Als sie zwölf Jahre alt wird und zu erwarten ist, dass sie bald ihre Regel bekommt, beraten die Priester, was zu tun sei, damit sie nicht den Tempel „beflecke". Dem Hohenpriester Zacharias offenbart Gott daraufhin, er möge Witwer versammeln, jeder möge einen Stab mitbringen. Einem von ihnen wolle er ein Wunderzeichen geben. Dessen Frau solle Maria werden.

Die Witwer, unter ihnen Josef, versammeln sich mit ihren Stäben am Tempel. Der Hohepriester sammelt die Stäbe ein, begutachtet sie im Tempel. Keiner hat sich auffallend verändert. Er gibt sie den Witwern zurück. Da kommt aus dem Stab Josefs eine Taube hervor. Sie fliegt auf das Haupt Josefs. Worauf der Hohepriester sagt: „Josef, du hast durch das Los die Jungfrau des Herrn zugeteilt bekommen, nimm sie in deine Obhut." Josef will nicht, er sei zu alt, habe auch schon Söhne, er werde im Volk zum Gespött, wenn er ein so junges Mädchen zu sich nehme. Als aber der Hohepriester ihm Gottes Zorn androht, nimmt er das Mädchen doch in sein Haus. Bald darauf verabschiedet er sich von ihr. Er habe einige Wochen als Zimmermann auswärts zu tun. Der Herr werde sie schon behüten.

Die gottgeweihte Jungfrau Maria webt einstweilen aus Purpur und Scharlach einen Vorhang für den Tempel. Dabei erscheint ihr der Engel des Herrn. Es wird nun wie bei Lukas berichtet, wie der Engel ihr die wunderbare Entstehung des Sohnes Jesus – sie werde ihn aus Gottes Wort (!) empfangen – ankündigt, der sein Volk aus ihren Sünden retten wird; wie sie darauf antwortet: „Siehe, ich bin des Herrn Magd, mir geschehe nach deinem Wort." Als Josef von seinem auswärtigen Arbeitseinsatz zurückkommt, ist sie bereits im sechsten Monat schwanger. Als er es bemerkt, macht er sich selbst heftige Vorwürfe, dass er sie nicht besser geschützt habe. Dann wieder klagt er den Unbekannten an, der sie befleckt habe. Dann sie, dass sie das mit sich habe machen lassen. Sie weint bitterlich: „Rein bin ich, von einem Mann weiß ich nicht." Und: „So wahr Gott lebt, ich weiß nicht, woher mir das kommt."

Wie bei Lukas wird dann berichtet, wie der Engel den verzweifelten Josef darüber aufklärt, von wem dieses Kind sei und wen Maria zur Welt bringen werde. Das überzeugt ihn. Er lobt Gott und nimmt das Mädchen weiterhin in seine Obhut.

Aber Josef und Maria werden nun von Priestern hart verdächtigt, miteinander vor der Zeit geschlafen zu haben. Beide müssen das Prüfungswasser trinken und kritische Tage in der Wüste zubringen. Sie kommen aber zur Verwunderung des Volkes gesund zurück, worauf der Hohepriester huldvoll sagt: „So richte ich euch auch nicht." Freudig kehren Maria und Josef in ihr Haus zurück.

Es folgt die Nachricht von der Volkszählung und dem Aufbruch des Josef mit Maria nach Bethlehem. Auf einem Esel sitzend, ist Maria bald traurig, bald lacht sie. Das erklärt sie so: Zwei Völker sehe sie vor sich, ein weinendes, klagendes und ein fröhlich jauchzendes. Die Presswehen setzen ein. Im letzten Augenblick finden sie eine Höhle für die Niederkunft. Sie schicken nach einer Hebamme. Derweilen hat Josef ein Gesicht: Er sieht, wie alles stillsteht, wie die Luft erstarrt, die Vögel des Himmels, das ganze Himmelsgewölbe, die Hände der Arbeiter an der Schüssel ihres Mittagsmahles, die Schafe auf der Weide, die Hand des Hirten, der sie schlagen will. So sieht er es einige Zeit. Dann plötzlich gerät alles wieder in Bewegung.

Die Hebamme kommt. Das Kind wird geboren. Der Lichtglanz Gottes erfüllt in einer Wolke die Höhle. Aber die Hebamme Salome will nicht glauben, dass das Kind vom Heiligen Geist stamme und Maria als Jungfrau geboren habe. Sie besteht darauf, erst wenn sie ihre Finger in die Scheide der Maria lege und dieser Test sie überzeuge, glaube sie, dass eine Jungfrau geboren habe. Dieser Test bekommt der Hebamme aber schlecht. In höchstem Schmerz jammert sie, ihre Hand falle, vom Feuer verzehrt, von ihr ab. Heiß fleht Salome um Vergebung. Ein Engel des Herrn tritt zu ihr: „Gott hat dein Gebet erhört, fass' das Kind an, so wirst du geheilt." So geschieht es. Gerechtfertigt geht Salome aus der Höhle.

Das Protevangelium des Jakobus ist zur Verherrlichung der Maria geschrieben. Auch um gewissen Verdächtigungen der Maria von jüdischer Seite entgegenzutreten. Dieser legendarische Bericht hatte große Wirkung auf die Marienverehrung späterer Jahrhunderte. Alle künftigen mariologischen Themen kündigen sich hier an: Zwar noch nicht die unbefleckte Empfängnis der Maria. Aber doch schon ihre wunderbare Geburt. Die Jungfrauengeburt wird nun schon im Sinn einer bleibenden Unverletztheit der Jungfräulichkeit der Maria verstanden. Die Brüder Jesu werden als Kinder aus einer früheren Ehe Josefs erklärt. Bei Hieronymus (gest. 420 n. Chr.) werden sie dann Vettern Jesu.

Goldglanz über Maria – Die Legenda aurea

Eine geradezu beherrschende Rolle spielt Maria in der umfangreichen Legendensammlung des Dominikaners Jacobus de Voragine (ca. 1230–1298, Erzbischof von Genua). Dieser hat ziemlich kritiklos gesammelt, was er in alten Handschriften an Heiligengeschichten fand und aus mündlichen Klostertraditionen und lebendiger Volksüberlieferung hörte.[53] Die Legenda aurea hatte als Erbauungsbuch im Abendland ganz große Wirkung. Gerade auch bildliche Darstellungen aus dem Marienleben beziehen sich fast immer auf die hier überlieferten Legenden. Daraus über Maria Folgendes:

Im Abschnitt „Von der Geburt der seligen Jungfrau Maria“[54] werden zunächst die verwandtschaftlichen Beziehungen der Familie Marias aufgezeigt. Ihre Mutter Anna habe nach dem Tod Joachims den Kleophas geheiratet, einen Bruder des Josef. In der Ehe mit ihm habe sie eine andere Maria geboren, die den Alphäus geheiratet und ihm den Jakobus den Jüngeren, den Josef den Gerechten, den Simon und den Juda geboren habe. Nach dem Tod des Kleophas habe Anna den Salomas geheiratet, auch ihm eine Maria geboren, die spätere Frau des Zebedäus. Aus dieser Ehe stammten Jakobus der Gerechte und Johannes der Evangelist. Man hat den Eindruck: Fast alle, die im Jüngerkreis eine Rolle spielen, sind miteinander verwandt. Und auch die drei Marien unter dem Kreuz haben in Anna die gleiche Mutter.

Was im Protevangelium des Jakobus über die beiden Eltern Marias, Anna und Joachim, zu lesen ist, das findet sich, mit eigenen Akzenten, fast ebenso in der Legenda aurea. Von einer unbefleckten Empfängnis der Maria im Leib der Anna lesen wir auch hier noch nichts.

Schön ist die Schilderung, wie die dreijährige Maria, als sie dem Tempeldienst übergeben wird, die fünfzehn Stufen zum Tempel, begleitet vom Gesang des „Stufenpsalms“, forsch hinaufgeht, ohne ängstlich zu ihren Eltern zurückzublicken.

Gern bringt de Voragine zur Erbauung des Lesers auch Beispiele, wie Maria hilft. Zum Beispiel in der Geschichte von einem Dieb, der drei Tage am Galgen hängt, dabei recht lebendig und fröhlich ist. Denn nicht umsonst hat er sein Leben lang die Jungfrau Maria in Ehren gehalten. Nun hält sie ihn, so dass er nicht ersticken muss. Der Henker lässt ihn daraufhin laufen. Und der wunderbar Gerettete geht ins Kloster und dient der Mutter Gottes, solange er lebt.

Eine vielfältige Schriftauslegung bietet der Abschnitt „Von der Verkündigung des Herrn“[55]. Bei der Erklärung des Wortes „Du Gnadenreiche“, „gratia plena“, kommt Bernhard von Clairvaux (1090–1153) zu Wort: „Sie ist wahrlich der Gnaden voll, denn von ihrer Fülle empfangen die Gefangenen eine Erlösung, die Kranken das Heil, Betrübte Trost, Sünder Vergebung, Gerechte Gnade, Engel Freude, die Heilige Dreifaltigkeit Lob und Ehre, der Menschensohn einen wahren menschlichen Leib.“ Hier ist Maria also längst zur Heilsmittlerin geworden.

Warum ist Maria „gesegnet unter den Frauen“? De Voragine antwortet: weil Maria dreierlei Fluch, unter dem die Frauen stehen, nicht abbekommen hat. Erstens die Schande, wenn sie nicht gebar; zweitens den Fluch der Sünde, wenn sie gebar; drittens den Fluch der Pein, wenn sie gebar. Maria dagegen sei Jungfrau und fruchtbar zugleich, sie empfange in Heiligkeit und sie gebäre ohne Schmerzen.

Dazu gibt Voragine folgende erbauliche Geschichte: Ein Ritter wird Mönch. Im Kloster wollen sie ihm das Lesen und Schreiben beibringen. Das schafft er nicht. Vom Bibelunterricht bleiben ihm nur zwei Worte hängen: „Ave Maria.“ Die sagt er bei jeder Gelegenheit. Als er gestorben und begraben ist, wächst aus seinem Grab eine Lilie, auf deren Blättern mit goldenen Buchstaben „Ave Maria“ steht. Nachgrabungen ergeben, dass die Lilie in seinem Mund wurzelt.

Im Abschnitt „Von Mariae Reinigung“[56] wird ungeniert erklärt, warum eine Frau nach der Geburt eines Jungen nach vierzig Tagen, nach der Geburt eines Mädchens erst nach achtzig Tagen zur Reinigung in den Tempel durfte. Warum der Unterschied? Erstens weil Christus ein Mann wurde und dadurch das männliche Geschlecht mehr geehrt habe. Zweitens weil das Weib mehr gesündigt habe als der Mann, darum sollten auch ihre Leiden gedoppelt sein. Drittens weil die Frau Gott mehr Mühe gemacht habe als der Mann.

Den Zusammenhang des Festes Lichtmess mit Maria erklärt er so: Maria sei von einer so strahlenden Schönheit, dass sie in allen Männern, denen sie begegne, alle fleischlichen Begierden vertreibe.

Einen großen Schwerpunkt bei den Marienlegenden bildet der Abschnitt „Von Mariae Himmelfahrt“[57]. Berichtet wird: Eines Tages bringt ein Engel der Maria, die sich nach ihrem Sohn sehnt, aus dem Paradies einen Palmzweig. Er verkündet ihr, in drei Tagen werde sie von ihrem Leib genommen und von ihrem Sohn in großen Ehren empfangen werden. Der Palmzweig solle dann vor ihrer Bahre getragen werden. Maria äußert daraufhin den Wunsch, alle Apostel, die jetzt als Missionare in aller Welt bei der Arbeit sind, noch einmal zu sehen. Der Engel verspricht ihr das. Als er wieder zum Himmel auffährt, leuchtet der Palmzweig grün und hell wie der Morgenstern.

Bald darauf werden die Apostel, wo immer sie sich gerade befinden, von Wolken aufgehoben und zur sterbenden Maria gebracht. Dort umgeben sie das Bett Marias mit brennenden Lichtern. Jesus kommt mit dem Heer der Engel, Patriarchen, Märtyrer, Bekenner, Jungfrauen. Sie stehen um Marias Bett und singen. Und Jesus begrüßt die Sterbende innig mit den Worten aus dem Hohen Lied „Ich bin gekommen, meine Auserwählte, dass ich die Zierde meines Throns um dich lege; denn der König begehrt nach deiner Schöne.“ Darauf Maria: „Herr, mein Herz ist bereit, es ist bereit.“ (Längst ist ja aus Mutter und Sohn das hohe Paar geworden, das sein Verhältnis zueinander in den erotischen Texten des Hohen Liedes ausgedrückt findet.) „Also schied die Seele der Maria aus dem Leib, ohne alle leibliche Pein oder Leiden, gleichwie sie ohne Makel gewesen war in ihrem Leben; und flog in die Arme ihres Sohnes.“

Es wird im Folgenden geschildert, wie die Seele der Maria mit inniger Freude im Himmel von den Scharen der Engel, der Jungfrauen und Bekenner aufgenommen und zur Rechten ihres Sohnes gesetzt wird.

Was ihren Leib betrifft, so hat Jesus seinen Jüngern geboten, sie im Tal Josaphat in ein neues Grab zu legen, das sie da finden würden. Auch sollten sie nach drei Tagen dort auf ihn warten.

Drei Jungfrauen waschen den Leib der Maria. Dieser leuchtet in solchem Glanz, dass sie ihn wohl waschen, aber gar nicht sehen können. Als die Apostel dann mit großer Ehrfurcht ihren Leib auf die Bahre legen und mit dem Gesang „Israel zog aus Ägypten. Halleluja" aus der Stadt tragen, greifen die Juden zu den Waffen. Sie wollen die Jünger töten. Den Leib der Maria wollen sie verbrennen. Der Hohepriester stoppt den Trauerzug, indem er seine Hand an die Bahre legt. Worauf seine Hände verdorren und an der Bahre hängenbleiben. Die anderen Juden werden mit Blindheit geschlagen. Nun fleht der Hohepriester den Petrus an, er möge ihn doch heilen. Petrus will das nur tun, wenn der Hohepriester ein Glaubensbekenntnis zu Jesus Christus als dem Herrn und zu seiner Mutter abgibt. Der tut es. Sofort lösen sich seine Hände von der Bahre. Aber die Dürre in den Händen und der Schmerz bleiben. Erst als er die Bahre küsst, wird er ganz gesund. Worauf ihm Petrus den Palmzweig gibt. Den solle er über seinem blinden Volk schwenken, „so werden sie alle wieder sehend, so sie glauben wollen, wer aber nicht glaubt, der bleibt ewig blind".

Sie legen den Leib in das Grab und warten. Nach drei Tagen kommt Jesus und spricht zum Leib seiner Mutter: „Steh auf, du meine Nächste, meine Taube, du Tabernakel der Ehren, du Gefäß des Lebens und himmlischer Tempel: gleichwie du bei meiner Empfängnis durch fleischliche Sünde nicht bist befleckt worden, so sollst du auch im Grabe keine Verwesung des Leibes leiden. Alsbald fuhr Marien Seele in den Leib und stund herrlich auf aus dem Grab und fuhr auf gen Himmel, geleitet von der Menge der Engel."

De Voragine berichtet dann, dass Hieronymus den 15. August als den Tag der leiblichen Auffahrt Marias festgestellt habe. Er zitiert Augustin, der den Leib der Maria einen Tabernakel Christi nennt, der da sein müsse, wo er selbst ist. Und wie der Leib Christi nicht den Würmern ausgesetzt gewesen sei, so auch nicht der Leib seiner Mutter.

Es folgen erbauliche Geschichten, in denen Maria auch bei einem Mann, der dreißig Jahre lang dem Teufel gedient hat, am Jüngsten Tag ihre Hand auf die Schale seiner guten Werke legt. „So sehr der Teufel an der anderen Schale zog, die Mutter der Barmherzigkeit behielt den Sieg und erlöste den Sünder."

In anderen Erbauungsgeschichten kommen „die blinden Juden" ganz schlecht weg. Sie zeigen, wie sehr der Marianismus immer wieder eine Schlagseite zum Antijudaismus hat. Immer wieder wird Maria „Versöhnerin der Menschen", auch „Mittlerin bei Gott selbst" genannt.

Maria in der katholischen Tradition

Wo anfangen? Wo aufhören? Die Literatur über Maria in der römisch-katholischen Kirche ist uferlos. „Numquam satis de Maria", nie genug über Maria.

Ich wähle die Enzyklika „Redemptoris Mater (Mutter des Erlösers) von Papst Johannes Paul II. über die selige Jungfrau Maria im Leben der pilgernden Kirche" vom 25. März 1987[58]. Sie ist aus Anlass des Marianischen Jahres geschrieben, das von Pfingsten 1988 bis zu Mariae Himmelfahrt 1989 dauerte.

Als Morgenstern, der beim Aufgang der Morgenröte leuchtet, bezeichnet der Papst in der Einleitung seines Lehrschreibens Maria und erinnert an das 2. Vatikanische Konzil, das „die Mutter Gottes im Geheimnis Christi und der Kirche" vorstellt. Noch mehr an das Konzil von Ephesus im Jahr 431, das Maria als „Theotokos"[59], „Mutter Gottes" bestätigt hat, „weil sie Jesus Christus, den Sohn Gottes, der eines Wesens ist mit dem Vater, durch den Heiligen Geist in ihrem jungfräulichen Schoß empfangen und zur Welt gebracht hat".

Papst Johannes Paul II. erinnert an die enge Verbindung der Kirche mit Maria, die der Kirche als „Typos" oder Vorausdarstellung den Pilgerweg des Glaubens voranging. Als Jungfrau und Mutter zugleich verkörpere sie die endzeitliche Vollendung der Kirche „ohne Makel und Runzel" (Eph 5,27). Als Urbild der Tugend leuchte sie allen Glaubenden voran. Und als Mutter der Kirche wirke sie „bei der Geburt und Erziehung" vieler Brüder und Schwestern „in mütterlicher Liebe" mit.

In einem ersten Teil mit der Überschrift Maria im Geheimnis Christi zeigt Johannes Paul auf, wie Maria im göttlichen Heilsplan eine einmalige Aufgabe hat als „die Jungfrau, die empfangen und

einen Sohn gebären wird, dessen Name Immanuel sein wird" (Jes 7,14). Als Gnadenvolle sei sie von Ewigkeit her auf einzigartige Weise „geliebt in diesem von Ewigkeit her geliebten Sohn". Ihre Erwählung sei einzigartig und einmalig. Denn nur in ihr vollziehe sich die Verbindung des Gottessohnes mit der Menschennatur in einer Person. Dadurch habe sie „bei weitem den Vorrang vor allen anderen himmlischen und irdischen Kreaturen".

Der Papst behauptet - ohne dafür Belege in der Bibel zu suchen - dass Maria vom Erbe der Ursünde bewahrt worden sei. Und das kraft der Erlösungsgnade des geliebten Sohnes. Insofern werde sie in der Liturgie gelegentlich „Tochter des göttlichen Sohnes" genannt. Er sieht Maria in jener „Frau, mit der Sonne bekleidet, und der Mond unter ihren Füßen und auf ihrem Haupt eine Krone von zwölf Sternen"

(Offb 12,1), als die sie so oft in Marienstatuen abgebildet wird. Die herrliche Gnade, die Gott uns in Jesus Christus schenkt, „bestimmt die außergewöhnliche Größe und Schönheit ihres ganzen menschlichen Seins“.

Im zweiten Abschnitt betont der Papst ihren Glaubensgehorsam: „Ich bin des Herrn Magd, mir geschehe ...“ Der Glaube Abrahams bilde den Anfang des Alten Bundes, der Glaube der Maria eröffne den Neuen Bund. Beide hätten „gegen alle Hoffnung voll Hoffnung geglaubt“ (Röm 4,18). Geradezu von einem „Glaubensheroismus“ bei Maria spricht der Papst und zeigt das an ihrem „Glaubensgehorsam im Leid“, etwa bei der Flucht nach Ägypten und besonders bei ihrer Treue unter dem Kreuz ihres Sohnes. Ohne Vorbehalt habe sie sich „Gott überantwortet“, indem sie sich ihm, dessen Wege unerforschlich sind (Röm 11,33) „mit Verstand und Willen voll unterwirft“. Durch diesen Glauben sei sie „vollkommen mit Christus in seiner Entäußerung verbunden“ (Phil 2,8). So habe sie Teil am Erlösertod ihres Sohnes. Ähnlich wie Paulus in Römer 5,18 Jesus mit Adam vergleicht, so vergleicht der Papst Maria mit Eva, indem er, zusammen mit dem 2. Vatikanischen Konzil, Irenäus zitiert: „Der Knoten des Unglaubens der Eva ist gelöst worden durch den Glauben Marias; was die Jungfrau Eva durch den Unglauben gebunden hat, das hat die Jungfrau Maria durch den Glauben gelöst.“ In diesem Sinne nennt Johannes Paul mit den Kirchenvätern Maria „die Mutter der Lebendigen“ und sagt: „Der Tod kam durch Eva, das Leben durch Maria“ (!!).

Mit „Siehe, deine Mutter!“ ist der dritte Abschnitt überschrieben. Johannes Paul stellt fest, dass Maria eine ganz neue Dimension von Mutterschaft gelebt und erschlossen habe: die der geistlichen Mutter, die in der Nachfolge Jesu zum Glauben an ihn erzieht, so zum Beispiel bei der Hochzeit von Kana, als sie sagt: „Was er euch sagt, das tut“ (Joh 2,5). Auch weise sie den Sohn mit ihrem mütterlichen Blick auf die vielen Alltagsnöte der Bedürftigen hin. So sei sie für sehr viele Menschen eine Mittlerin hin zu ihrem Sohn. Diese mütterliche Aufgabe mindere die einzige Mittlerschaft Christi in keiner Weise, es bleibe dabei: „einer (ist) Mittler zwischen Gott und den Menschen: der Mensch Christus Jesus“ (1. Tim 2,5). Die mütterliche Aufgabe

Marias stütze sich auf seine Mittlerschaft, hänge von ihr vollständig ab und schöpfe aus ihr ihre ganze Wirkkraft.

Dass Jesus am Kreuz dem Jünger Johannes Maria zur Mutter gibt, weitet der Papst - etwas kühn - aus auf alle Menschen. Maria wurde nach seinem Verständnis hier zur Mutter aller Menschen eingesetzt. Sie wirke in Liebe dazu mit, „dass die Gläubigen in der Kirche geboren würden“. Aus dem Kreuzestestament Jesu schließt Johannes Paul, dass sich die Mutterschaft der Maria in der Kirche und durch die Kirche fortsetzt. Mutter Maria und Mutter Kirche werden so miteinander fast identisch.

Der zweite Teil seiner Enzyklika zeigt DIE GOTTESMUTTER INMITTEN DER PILGERNDEN KIRCHE. Maria geht mit ihrem heroischen Glauben den Jüngern Jesu den Pilgerweg der Kirche voraus. Alle Generationen, die das apostolische Zeugnis der Kirche annehmen, hätten Teil am Glauben Marias. Weshalb sich der Papst ein Christsein und Kirchesein ohne Marienverehrung und ohne dass Menschen im Glauben Marias für ihren eigenen Glauben Kraft suchen, nicht vorstellen kann. Er ruft um der ökumenischen Verbundenheit willen (!) dazu auf, miteinander auf Maria, unsere gemeinsame Mutter zu sehen, die für die Einheit der Gottesfamilie bete und die allen vorangehe. Er erinnert an Marias Liebe zu den Armen. Maria, die den Gott preist, der „die Mächtigen vom Thron stürzt und die Niedrigen erhöht“, der „die Hungrigen mit seinen Gaben beschenkt und die Reichen leer ausgehen lässt“. Der Papst, der die süd- und mittelamerikanische Befreiungstheologie bekämpfte, wird hier freilich nicht konkret.

Den dritten Teil seiner Enzyklika überschreibt er mit MÜTTERLICHE VERMITTLUNG. Mit Recht rufe die Kirche sie als Fürsprecherin, Helferin, Beistand und Mittlerin an. Schon jetzt verbinde Maria die auf Erden pilgernde Kirche mit der himmlischen Wirklichkeit der Gemeinschaft der Heiligen. Weshalb Pius XII. am 1. November 1950 mit Recht das Dogma der leiblichen Aufnahme Mariens in den Himmel verkündet habe[60]. Er zitiert dazu, was in der Konstitution „Lumen gentium“ („Licht der Völker“) des 2. Vatikanischen Konzils steht: „Schließlich wurde die unbefleckte Jungfrau, von jedem Makel der Erbsünde unversehrt bewahrt, nach Vollendung des irdischen

Lebenslaufs „mit Leib und Seele in die himmlische Herrlichkeit aufgenommen" und „als Königin des Alls vom Herrn erhöht", um vollkommener ihrem Sohn gleichgestaltet zu sein, dem Herrn der Herren (vgl. Offb 19,16) und dem Sieger über Sünde und Tod". Eine biblische Begründung gibt weder Pius XII. noch Johannes Paul II.

Unter der Überschrift „Maria im Leben der Kirche und jedes Christen" wirbt der Papst noch einmal für den Marienkult, zu Recht werde die Gottesgebärerin verehrt, „unter deren Schutz die Gläubigen in allen Gefahren und Nöten bittend Zuflucht nehmen". Zu Recht werde auch die Kirche „Jungfrau" und „Mutter" genannt. Auch die Kirche gebäre „durch Predigt und Taufe die vom Heiligen Geist empfangenen und aus Gott geborenen Kinder zu neuem und unsterblichem Leben". Und „Braut Christi" (vgl. Eph 5,22-33) und „Frau des Lammes" (Offb 21,9) sei sie durch ihre Treue zu Jesus Christus. In diesem Zusammenhang lobt der Papst die Ehelosigkeit „um des Himmelreiches willen", das heißt die gottgeweihte Jungfräulichkeit (Mt 19,11 f.; 2. Kor 11,2) als Quelle einer besonderen geistigen Fruchtbarkeit.

Schließlich weist Johannes Paul noch auf Maria als besonderes Vorbild für Frauen. Vorbehaltlose Hingabe der Liebe verwirkliche sie, eine Kraft, die größte Schmerzen zu ertragen vermag, grenzenlose Treue, unermüdlichen Einsatz, die Fähigkeit, tiefe Einsichten mit Worten des Trostes und der Ermutigung zu verbinden. Er schließt mit dem Aufruf, „inständig zur Mutter Gottes und Mutter der Menschen zu flehen, dass sie ... bei ihrem Sohn Fürbitte einlege, bis alle Völkerfamilien ... glückselig zum einen Gottesvolk versammelt werden ..."

Was kann ein evangelischer Theologe zu dieser Sicht der Maria sagen? Er kann gerne bejahen, in Maria ein ganz besonders eindrückliches Vorbild des Glaubens zu sehen. Und dass sie als Mutter Jesu mehr als andere in die Heilsgeschichte hineinverwoben ist. Aber Maria als Mittlerin, als Königin des Alls, als „Verkörperung der Kirche"? Die Versuche biblischer Begründung für diese Ehrentitel sind dürftig: Für die Anrufung Mariens ist kein Argument zu finden, geschweige denn für ihre leibliche Aufnahme in den Himmel. Auch frage ich mich: Braucht Jesus jemanden, der zwischen den Hilflosen und ihm vermittelt?

Luthers „Hochgebenedeite Mutter Gottes“

Später viel später
blickte maria
ratlos von den altären
auf die sie
gestellt worden war
und sie glaubte
an eine
verwechslung
als sie
- die vielfache mutter -
zur jungfrau
hochgelobt wurde
und sie bangte
um ihren verstand
als immer mehr leute
auf die knie fielen
vor ihr
und angst zerpresste ihr herz
je inniger sie
- eine machtlose frau -
angefleht wurde
um hilfe um wunder
am tiefsten
verstörte sie aber
der blasphemische kniefall
von potentaten und schergen
gegen die sie doch einst
gesungen hatte voll hoffnung[61]

Kurt Marti

Als Kontrast zur Marien-Enzyklika des Papstes Johannes Paul II. setze ich Auszüge aus dem „Lied vom heiligen Umsturz", wie der reformierte Pfarrer Kurt Marti den Lobgesang der Maria aus dem Lukasevangelium nennt.

Was lernen wir von den Reformatoren über Maria?[62] Sie grenzen sich ab von der Marienverehrung des späten Mittelalters. Es gab damals zwar noch keine festen Mariendogmen. Umso lebhafter blühte die Marienverehrung in Marienhymnen, Marienfesten, Marienlegenden, an Mariengnadenorten. Und in der christlichen Kunst war Maria das beliebteste Motiv überhaupt. Man denke nur etwa an die wunderbaren Marien des Tilman Riemenschneider, besonders in seinem Creglinger Marienaltar.

Auch der Mönch Martin Luther hatte ein sehr herzliches Verhältnis zu Maria. Seine Sicht ist ganz von Jesus Christus her bestimmt. Seit er im März 1518 Jesus Christus als den erkannt hatte, der wirklich „der Welt Sünde trägt" und der jedem angefochtenen Sünder ganz nah ist, konnte er allerdings mit der Vorstellung einer Mutter Jesu, die bei ihrem Sohn als Fürsprecherin für sündige Menschen tätig ist - wie wir sie auf Michelangelos gewaltigem Bild vom Jüngsten Gericht in der Sixtinischen Kapelle in Rom sehen - nichts mehr anfangen. Wenn Jesus nicht der zornige Richter ist, dann fällt auch die Vorstellung von Maria als Mittlerin zwischen den Glaubenden und Jesus.

Dennoch blieb Maria für Luther als Mutter Jesu eine ganz wichtige Gestalt der Heilsgeschichte. Sie war für ihn auch Mutter Gottes, eben im Sinn der Mutter des Sohnes Gottes, wie sie im Konzil von Ephesus 431 beschrieben wurde. An Geistzeugung und Jungfrauengeburt hielt er fest.

In seiner Auslegung des Magnificat (Lk 1, 46-55) ist ihm die Niedrigkeit der Maria besonders wichtig. Und dass sie aus reiner Gnade, nicht wegen irgendwelcher Vorzüge oder Qualitäten, von Gott dazu erwählt wurde, Gottesmutter zu sein. Vorbildlich ist sie vor allem in ihrer Demut, weshalb er es ganz ablehnt, sie zur Himmelskönigin zu erklären. Immerhin schaffte Luther die Marienfeste nicht ab. Er feierte sie als Christus-Feste.

Johannes Calvin war gegen die Marienverehrung noch strenger als

Luther. Eindeutig ist für ihn Maria wie andere Menschen auch in die Erbsünde verstrickt. Ihre sündlose Empfängnis lehnt er entschieden ab. In der Anrufung der Maria in der Hoffnung auf ihre Fürsprache sieht er Götzenkult. Weshalb er in Genf die Marienfeste unterdrückt hat. Maria ist für ihn aber wie für Zwingli und Luther Vorbild im Glauben, auch im Gehorsam.

Die protestantische Orthodoxie, Pietismus und Aufklärung hatten für die Marienverehrung wenig übrig. Sie galt ihnen als Aberglaube der katholischen Kirche. Erst die Romantik hat Maria wieder entdeckt. Besonders Novalis, der schreibt: „Wer einmal, Mutter, dich entdeckt, wird vom Verderben nie bestrickt." Maria wird hier aber eher als Muttersymbol, weniger als Gottes Werkzeug in seiner Heilsgeschichte gesehen. Schleiermacher zum Beispiel sieht in seiner „Weihnachtsfeier" (1806) in jeder Mutter eine Maria.

Auf die Dogmatisierung der Lehre von der unbefleckten Empfängnis Marias im Jahr 1854 durch Papst Pius IX. gab es von evangelischer Seite großenteils scharfe Ablehnung. Auch die Dogmatisierung der Lehre von der leiblichen Aufnahme der Maria in den Himmel durch Papst Pius XII. im Jahr 1950 wurde in nichtkatholischen Kreisen weithin abgelehnt.

In den letzten dreißig Jahren wurde besonders im evangelischen Umfeld immer wieder durch den Feminismus Maria zum Thema. Dabei war die Haltung feministischer Theologinnen zu Maria durchaus verschieden. Die einen setzten sich sehr kritisch mit dem Marienkult auseinander, weil er ein Frauenbild propagiere, das sich nur Männer ausgedacht haben könnten: Maria, des Herrn Magd, und dann faktisch auch der Herren Magd. Sie bemerkten auch, dass in der Kirche die innigsten Marianer zugleich die autoritärsten Kirchenfürsten gewesen seien, die besonders Frauen auf ihre nur dienende Rolle festgelegt und zum Beispiel auch mit Erfolg vom Priesteramt ferngehalten hätten. Andere sahen Maria als frühemanzipierte Frau, die in ihrem Lobgesang – „er stößt die Gewaltigen vom Thron und erhebt die Niedrigen" – geradezu revolutionäre Töne anschlage. Sie sahen in diesem Zusammenhang Jesu wertschätzenden Umgang mit Frauen, der in der frühen Jesus-Gemeinde geradezu zu einer Frauenbefreiung beigetragen habe, die dann aber bald mit Worten wie „Das Weib schweige in der Gemeinde“ (1. Kor 14,34) zurückgeschnitten worden sei. Es sei aber kein Zufall, dass der Sohn dieser Mutter in seiner Umgebung eine Art Frauenerwachen bewirkt habe. Andere Feministinnen und Feministen sahen in der faktischen Vergöttlichung der Maria eine notwendige Ergänzung der allzu männlich gefassten jüdisch-christlichen Gottesanschauung: Maria als die weibliche Seite Gottes. So ist das Verhältnis des theologischen Feminismus zu Maria im Ganzen ambivalent. Die Diskussion um Maria geht auch bei Feministinnen weiter.[63]

Maria ist in der evangelischen Theologie kein Thema an sich. Sie führt immer auf ihren Sohn hin. Und sie ist zwar ein sehr eindrückliches, aber doch nur immer *ein* Vorbild des Glaubens unter anderen. Vor allem aber: Evangelische Theologie ist immer ganz an die Heilige Schrift gebunden. Sie ist nicht dazu da, das religiöse Bedürfnis der Gläubigen zu befriedigen.

Deutlich wird das etwa in der Art, in der sich die Evangelisch Theologische Fakultät Tübingen mit der Schrift „Communio Sanctorum“ auseinandersetzt, die zum Heiligen Jahr 2000 von einer evangelisch-katholischen Arbeitsgemeinschaft als ein Versuch ökumenischer Verständigung erarbeitet worden war.[64] Die Tübinger Stellungnahme[65] lehnt grundsätzlich jede Heiligsprechung ab, weil sie darin eine Art Vorwegnahme des Jüngsten Gerichtes sieht, die Menschen nicht zusteht. Auch weil sie das Verständnis des biblischen Begriffes „Heilige“ als einer Art moralischer *upper class* als unbiblisch ablehnt. Die Heiligen in Rom, Korinth, Ephesus und anderswo sind diejenigen, die sich zu Jesus Christus als ihrem Erlöser halten und von der Vergebung ihrer Sünden leben wollen. In der Anrufung der Heiligen als Fürbitter sieht die Evangelisch Theologische Fakultät Tübingen wie Luther eine Konkurrenz zu der Hoffnung auf Jesus Christus als den alleinigen Fürsprecher, dessen Fürsprache keine Ergänzungen brauche. Sie stellt fest: „Grundlage des reformatorischen Marienverständnisses und Hintergrund der Absage an das mittelalterliche und gegenreformatorische Marienbild ist die Wiederentdeckung des biblischen Christusbildes: Christus nicht der strenge, fordernde

Richter, der durch einen anderen besänftigt werden müsste." Sie folgert: „Daher ist die Maria zugesprochene Stellung der warmherzigen Mittlerin überflüssig: Christus selbst ist der warmherzige Mittler. Und er ist es allein; wollte man noch einen anderen Mittler annehmen, so nähme man seine Mittlerstellung nicht ernst."

Zu ehren sei Maria allerdings als Mutter Gottes (griech. theotokos). Die Lehre von der unbefleckten Empfängnis freilich habe keinerlei Schriftgrund. Das Neue Testament kenne keinen sündlosen Menschen außer Jesus. Maria habe wie jeder andere Mensch auch unter dem Gesetz der Sünde und des Todes (Röm 8,1) gelebt, sie sei wie alle anderen Menschen, für die Jesus am Kreuz gestorben ist, Sünderin gewesen. Das festzuhalten sei besonders wichtig, wenn man in Maria den Typus der Kirche sehe. Gehe man dann von einer sündlosen Maria aus, dann komme man zu einer sündlosen Kirche, was schlichtweg falsche Lehre wäre. Und: Die Lehre von der leiblichen Aufnahme Mariens in den Himmel sei die Dogmatisierung eines Mythos, der ohne jede apostolische Bezeugung sei.

Nach dieser kompromisslosen Markierung einer evangelischen Position in Sachen Marienverehrung doch noch ein paar Sätze aus der Schrift „Das Magnificat, verdeutscht und ausgelegt durch D. Martinum Luther, Augustiner"[66], die Luther 1521 in seinem Versteck auf der Wartburg geschrieben hat. Sie zeigen, dass auch ein evangelischer Christ, der Maria weder als Mittlerin noch als Fürbitterin anruft, der sie auch nicht als Königin des Himmels verehrt, ein sehr herzliches Verhältnis zu ihr haben kann.

Er nennt Maria die „hochgebenedeite Mutter Gottes", „züchtige Jungfrau". Sie lehre, dass Gott erhöhe, was niedrig ist, und breche, was hoch sein wolle, dass Gott in die Tiefe sehe, um den Armen, Verachteten, Elenden, Jämmerlichen, Verlassenen, die gar nichts sind, aufzuhelfen. „Da wird er so herzlich lieb, da geht das Herz über vor Freuden, hüpft und springt vor großem Wohlgefallen." „Die zarte Mutter Christi" lehre uns aus ihrer eigenen Erfahrung heraus, „wie man Gott erkennen, lieben und loben soll".

Ihre bleibende Demut, Niedrigkeit, lobt Luther: „Sie findet sich als eine Gottesmutter, über alle Menschen erhoben, und bleibt doch so einfältig und gelassen, dass sie darum nicht eine geringe Dienstmagd unter sich gehalten."

Die Selbstlosigkeit ihrer Gottesliebe beeindruckt Luther: „... das arme Aschenbrödlein hat nichts denn eitel Mangel und Ungemach, sucht keinen Nutzen, lässt sich genügen, dass Gott gut ist ..., liebt und lobt ebenso wohl Gottes Gütigkeit, wenn sie nicht empfunden als wenn sie empfunden wird, klammert sich nicht an die Güter, wenn sie da sind, fällt auch nicht ab, wenn sie weg sind." Maria tröste uns mit ihrem Beispiel, „dass, ob wir wohl sollen erniedrigt und verachtet sein, wir dennoch darum nicht verzagen, als sei Gott zornig über uns, sondern vielmehr hoffen, dass er uns gnädig sei." Maria als ständige, hoch sympathische Trösterin für arme, angefochtene Menschen. Und zugleich als Vorbild des Glaubens, der allein an Gott hängt und der Gottes Barmherzigkeit traut, auch wenn er durch schwere Zeiten hindurch muss.

Maria aus jüdischer Sicht

Maria spielt im Judentum eine geringe Rolle. Es gibt auch kaum ein jüdisches Buch über Maria. Lediglich der jiddische Schriftsteller Schalom Asch[67] hat in einem Roman versucht, das Leben Marias darzustellen. Er wollte Maria in die Reihe der jüdischen Urmütter einreihen, was ihm viel Kritik von jüdischer Seite eingebracht hat. Der einzige wissenschaftliche Versuch eines Juden, das Leben Marias zu beschreiben, dürfte wohl der von Schalom Ben-Chorin sein mit dem Titel „Mutter Mirjam. Maria in jüdischer Sicht"[68].

Ben-Chorin sieht die Gestalt Mariens von sieben Schleiern umhüllt, die gewebt sind aus Tradition, Dogmen, Liturgie, Legende, Kunst, Dichtung und Musik. „Je schöner und bedeutender diese Schleier sind, desto verhüllender wirken sie." Er entschleiere Maria. Heraus komme „eine schlichte, junge orientalische jüdische Mutter".

Das Bezeichnende an ihr findet Ben-Chorin in dem Satz aus Lukas 2,19.51 „Maria aber bewahrte (bewog, bewegte) alle diese Worte (diese Dinge) in ihrem Herzen." Das Ungewöhnliche, das sie erlebt hat, bewegt sie in sich.

Ansonsten sieht er sie, wie in Sprüche 31 beschrieben, als jüdische Hausfrau nicht nur mit der normalen Hausarbeit beschäftigt, sondern auch mit Heimarbeit am Webstuhl. Von dem Lob, das sie dafür nach Sprüche 31,28 f. erfahren sollte, lesen wir freilich nichts. Auch ihr erstgeborener Sohn Jesus rühmt sie durchaus nicht, sondern fährt sie hart an: „Weib, was habe ich mit dir zu schaffen?“ Ob Josef sie wirklich anerkannt hat? Wir erfahren mehr von seinem Verdacht gegen sie.

Ihre Familie stellt Ben-Chorin sich vor als eine „offenbar unbedeutende Handwerkerfamilie“, aber doch mit erheblichem Bildungsstand, da von Maria her offenbar Familienbande zu levitischen Kreisen vorhanden waren, bei Josef zum Haus Davids. Ben-Chorin sieht in der Familie von Josef und Maria eine Art verarmten Landadel mit Verbindungen nach Jerusalem, die dem Sohn eine höhere Bildung ermöglicht haben.

Ben-Chorin fragt nach Mutter-Bildern in den Worten Jesu und stellt hier eine Fehlanzeige fest. Entscheidend für sein Denken ist offenbar die Vaterliebe. Hat Jesus bei Josef solche Vaterliebe erfahren? Oder idealisiert er in seiner Botschaft eine ersehnte, aber nicht erfahrene Vaterliebe? Wird in der katholischen Frömmigkeit Maria in den Vordergrund und Josef in den Hintergrund gestellt, so tut Ben-Chorin das Gegenteil, wenn er schreibt, die Wunschvorstellung des liebenden Vaters stelle Jesus „der leidvollen Erfahrung gegenüber, die er mit der verständnislosen Mutter gemacht haben muss“. Von daher, so folgert Ben-Chorin, komme Jesu antifamiliäre Haltung, die auf die Mutter und die Geschwister schockierend gewirkt habe, so dass sie zur Feststellung kamen: „Er hat einen unsauberen Geist.“ Auch Jesu Antwort auf den Ausruf einer Anhängerin „Selig der Leib, der dich getragen hat“ durch die Feststellung „Selig sind, die das Wort Gottes hören und befolgen“ wertet Ben-Chorin als schroffe Provokation. Jesus sei keinesfalls gewillt, etwas von der Offenbarung, die in seinem Auftreten und seiner Person dem Volk entgegenkommt, auf seine Mutter zu übertragen. Er habe keine Gemeinschaft mit ihr. Sie habe ihn nie verstanden, habe ihn offenbar für geistesgestört gehalten. Allzu spät habe sie sich zu ihm bekannt.

Marias Verhältnis zu ihrem Sohn sieht Ben-Chorin so: „Sie glaubt nicht an den Sohn, aber … in einer tieferen, unbewussten Schicht glaubt sie dennoch an ihn. Verstand und Herz, noch dazu das Herz einer Mutter, stimmen nicht überein. Dieser Sohn muss ihr viele Schmerzen bereitet haben. Er hat den Rahmen des ortsüblichen Familienlebens gesprengt. Er zieht im Land umher und stiftet Unruhe. Er tut Dinge, die gefährlich sind … Er bringt die ganze Familie in Gefahr." Ben-Chorin meint sogar, ihr Sohn Jesus müsse der Mutter gelegentlich wie der missratene Sohn erschienen sein, der nicht auf die Stimme von Vater und Mutter hört und der deshalb gesteinigt werden müsse (5. Mose 21,18–21). Ben-Chorins Ergebnis: „Von dem wenigen, was wir über das Verhältnis von Maria zu ihrem erwachsenen Sohn Jesus wissen, wird nur das spannungsreiche Verhältnis klar."

Selbst die Adoptionsszene unter dem Kreuz (Joh 19,25–27) deutet Ben-Chorin so, dass auch hier der Familienkonflikt deutlich werde. Dass er seine Mutter dem vertrautesten Jünger Johannes zur Mutter gibt, wo doch andere Söhne und Töchter bereitstehen, zeige, dass sein Band zu den Geschwistern völlig zerrissen gewesen sei. Diesen Geschwistern will er seine Mutter nicht anvertrauen. Ben-Chorin sieht in dieser Szene sogar die endgültige Ablösung Jesu von seiner Mutter.

Schließlich äußert sich Ben-Chorin auch zu dem, was er die „Mythisierung Mariens" nennt. Was trage zu ihr bei? Vor allem, dass Maria für ein doppeltes Frauenideal von Männern stehe, für das der Jungfrau und das der Mutter. „Die Jungfrau kann keine Mutter sein, und die Mutter ist nicht mehr Jungfrau. Was aber in der Realität unvereinbar ist, verschmilzt im Mythos zu *einer* Gestalt, der jungfräulichen Mutter Maria."

Was ist von Ben-Chorins Verständnis des Verhältnisses zwischen Maria und ihrem Sohn zu halten? Seine Interpretation der Adoptionsszene unter dem Kreuz halte ich für willkürlich. Aber die Spannung zwischen Maria und dem Sohn kann nicht übersehen werden. Mit diesem Sohn und seinem Anspruch konnte seine Familie nicht einfach mitgehen. Es brauchte den Karfreitag und Ostern, um in der Mutter und den Geschwistern den Glauben an ihn entstehen zu lassen.

Maria in der islamischen Tradition

Maria ist die einzige Frau, die im Koran namentlich genannt wird. Die Sure 19 trägt schlicht die Überschrift: „Maryam". Ich will im Folgenden einiges über Maria im Islam berichten[69].

Hier einige Verse aus Sure 19,16-22: „Gedenke in der Schrift der Maria! Als sie sich von ihren Leuten an einen östlichen Ort zurückzog, da nahm sie sich vor ihnen einen Vorhang. Da sandten wir zu ihr unseren Geist und er erschien ihr als stattlicher Mensch. Sie sagte: ‚Ich suche Zuflucht vor dir beim Allerbarmenden, falls du gottesfürchtig bist.' Er sagte: ‚Ich bin der Gesandte deines Herrn, um dir einen lauteren Jungen zu schenken.' Sie sagte: ‚Wie soll ich einen Jungen bekommen, wo mich kein Mensch berührt hat und ich keine Hure gewesen bin?' Er sagte: ‚So ist es. Dein Herr sagt: Das fällt mir leicht. So wollen wir ihn zu einem Zeichen für die Menschen machen und zu Barmherzigkeit von uns. Es ist beschlossene Sache.' Da war sie mit ihm schwanger und zog sich an einen fernen Ort zurück".

Die Parallelen zum Bericht in Lukas 1,26-38 sind deutlich. Es gibt auch Unterschiede. Die Gottesbotschaft an Maria kommt hier durch Gottes Geist, nicht durch den Engel. Der angekündigte Sohn wird im Koran „Zeichen (Gottes) für die Menschen" genannt, bei Lukas „Sohn des Höchsten". Der Geist Gottes stellt sich ihr in Sure 19 als ein „stattlicher Mensch" vor. Maria nimmt sich in Sure 19 einen Vorhang, das bedeutet, sie schließt sich ganz von der Umwelt ab. Merkwürdig, wie knapp die wunderbare Entstehung Jesu angesagt wird: „Der Herr sagt: Das fällt mir leicht ... Es ist beschlossene Sache." In Sure 21,91; 66,12; auch in Sure 4,171 wird der Geist Gottes besonders erwähnt als Werkzeug des Schöpferwillens Gottes: „Da bliesen wir in sie von unserem Geist und machten sie und ihren Sohn zu einem Zeichen für alle Welt."

Fast gleichzeitig mit ihrer Schwangerschaft werden in Vers 23 ihre Wehen berichtet, was muslimische Koranausleger darüber nachdenken ließ, wie lang diese Schwangerschaft wohl gedauert haben könnte. Ganz verschiedene Zeiten der Dauer werden behauptet: Von drei Jahren über neun oder acht oder sechs Monate bis hin zu einer Stunde.

Es folgt das Palm- und Quellwunder, das im Pseudo-Matthäus-Evangelium, einer Schrift aus dem 8./9. Jahrhundert, ähnlich beschrieben wird, dort dann als Ereignis auf der Flucht der Heiligen Familie nach Ägypten. In Sure 19 lesen wir, wie Maria sagt: „Wäre ich doch vorher gestorben und ganz vergessen worden!" Da rief er ihr von unten zu: „Sei nicht traurig! Dein Herr hat unter dir fließendes Wasser geschaffen. Schüttle den Stamm der Palme zu dir hin, dann lässt sie frische, reife Datteln auf dich fallen. So iss, trink und freue dich!"

Die Geschichte von Palmbaum und Quelle erinnert an die Erzählung von Hagar in der Wüste (1. Mose 21,14-19). Hagar gilt in der nachkoranischen Überlieferung als Mutter des Islam. Über ihren Sohn Ismael sind nach Sure 2,127; 3,84 die Muslime mit Abraham verbunden. In Sure 19 wie in 1. Mose 21 geht es um die Rettung der Urmütter aus Todesnot durch Gott. In Maria wiederholt sich also das Schicksal Hagars.

Während nach Lukas 2 Jesus im Stall von Bethlehem zur Welt kommt, wird er nach dem Koran in der Wüste geboren, also am Ort der Leere und des Todes. Gott entfaltet gerade am Ort des Todes seine Schöpferkraft.

Auch in Sure 3 ist von Maria, ihrer Geburt und der Geburt Jesu die Rede. Diese Sure stammt aus Mohammeds Zeit in Medina. Im Hintergrund ist seine Auseinandersetzung mit den Juden zu spüren.

Der Vater Marias heißt hier Imran. Der Name erinnert an Amran, den Vater der Geschwister Mose, Aaron und Mirjam (4. Mose 26,59). Er wird in eine Linie mit Adam, Noah und Abraham gestellt.

Als Imrans Frau spürt, dass sie schwanger ist, sagt sie: „Herr, was in meinem Leib ist, gelobe ich dir: Es sei geweiht. So nimm es von mir an! Du bist der Hörende und Wissende."

Wenn wir diese Geschichte mit der von den Eltern der Maria, Joachim und Anna, im Protevangelium des Jakobus vergleichen, dann fällt uns auf, dass das Dramatische der Erzählung von Joachim und

Anna im Koran ganz fehlt. Kein Gefühlsdrama zwischen den Eheleuten, kein Hadern mit Gott wird berichtet, sondern alles spielt sich in Ergebenheit vor Allah ab. „Gott weiß am besten ..."

Imrans Frau sagt daraufhin: „Ich habe es Maria genannt und stelle es mit ihren Nachkommen unter deinen Schutz vor dem gesteinigten Satan." Das heißt von Anfang an ist das Mädchen Maria unter den besonderen Schutz Gottes gestellt. Der Satan, der Menschen zu Fall bringen will, hat hier keine Chance, denn Gott hat mit Maria Großes vor.

Maria wächst nun im Tempel von Jerusalem auf. Zacharias darf sie betreuen. Aber mehr noch wird sie von Gott versorgt. Und Maria ergibt sich seiner Fürsorge in tiefem Vertrauen. Gott hat sie erwählt aus allen Frauen dieser Welt. Er hat sie gereinigt, das heißt sie sündlos gemacht, ehe sie Jesus empfängt.

Es folgt (Sure 3,46 f.) der Bericht über die Erschaffung Jesu aus dem Geist Gottes und die Jungfrauengeburt. „Als die Engel sagten: Maria, Gott verkündet dir von sich ein Wort, dessen Name ist Christus Jesus, der Sohn Marias. Geehrt ist er im Diesseits und im Jenseitig-Letzten und gehört zu denen, die (Gott) nahe gebracht sind. Er spricht zu den Menschen in der Wiege und als Erwachsener und gehört zu den Rechtschaffenen." Sie sagte: „Herr, wie sollte ich ein Kind bekommen, wo mich kein Mensch berührt hat?" Er sagte: „So ist Gott. Er erschafft, was er will. Wenn er eine Sache beschließt, dann sagt er zu ihr nur: ‚Sei!', und da ist sie."

Als wen kündigen die Engel Jesus an? Der Engel Gabriel kündigt den Sohn Jesus an als „Sohn des Höchsten", zugleich als Davidssohn, den König Israels ewiglich, als den endzeitlichen König, dessen Herrschaft kein Ende haben wird. Dagegen ist die Ankündigung Jesu im Koran sehr viel allgemeiner gehalten: „Geehrt ist er im Diesseits und im jenseitigen Letzten und er gehört zu denen, die (Gott) nahe gebracht sind." Einer, der zu den Menschen spricht, und zwar von Anfang an, schon in der Wiege, das erinnert uns an gnostische Kindheitsevangelien, in denen Jesus vom ersten Tag an die klügsten Reden hält und kein „Zunehmen an Weisheit, Gnade und Alter" nötig hat wie in Lukas 2,52. „... und er gehört zu den Rechtschaffenen“, heißt es weiter. Das ist zweifellos ein hoher Würdentitel. Aber es ist ein fundamentaler Unterschied, ob einer als im Himmel und auf Erden hoch Geachteter, Gottnaher, Rechtschaffener angekündigt wird oder als endzeitlicher Messias, Sohn des Höchsten, Erlöser der Menschen von ihren Sünden, als „Licht, zu erleuchten die Völker“ (Lk 2,31).

Noch einmal wird Maria im Koran erwähnt. In Sure 66,11 f., die aus der spätmekkanischen Zeit stammt, werden vier Frauen miteinander verglichen: die Frau Noahs, die Frau des Lot, die Frau Pharaos, die als Beispiele und Vorbilder des Glaubens erwähnt werden. „Und Maria, Imrans Tochter, die ihre Scham schützte.“ Von ihr wird, die Geistzeugung andeutend, gesagt: „Da bliesen wir in sie von unserem Geist. Sie glaubte den Worten ihres Herrn und seinen Schriften und gehörte zu den Gehorsamen.“

Auch hier Maria als Vorbild der Glaubenden. Leider wird Maria als dieses Vorbild des Glaubens gegen die „ungläubigen Juden“ antijudaistisch instrumentalisiert. Und sie wird „als Präfiguration des Glaubens der Khadidja, der Gemahlin Mohammads (gesehen), die als erste den Islam annahm. Maria wird in der islamischen Tradition zusammen mit Aisha, Khadidja und Fatima als eine der vier besten Frauen, die je gelebt haben, angesehen und gilt als Haupt der Frauen im Paradies ... sie wird als ‚gerecht und fromm‘ charakterisiert, als eine von denen, die Gott demütig ergeben sind.“[70]

Karl-Josef Kuschel vergleicht das Bild der Maria bei Lukas mit dem des Koran und kommt dabei zu folgenden Übereinstimmungen und Verschiedenheiten: „Weder im Neuen Testament noch im Koran ist Maria Mittlerin des Heils, aber auch nicht bloß demütige Frau. Sie ist Typus eines glaubenden Menschen schlechthin. Christen und Muslime wissen um die Erwähltheit Marias durch Gott. Wissen um die Reinheit Marias als Symbol der Gottempfänglichkeit, um die Demut Marias als Zeichen ihres Gottvertrauens, um den Glauben Marias als Ausdruck ihrer Gottergebenheit. Christen erkennen die zentrale Bedeutung Marias für Sendung, Botschaft und Geschick ihres Sohnes Jesus Christus. Die ‚heilsgeschichtliche’ Einzigartigkeit Marias wird durch die Einzigartigkeit ihres Sohnes begründet. Die christliche

Mariologie steht im Dienst der Christozentrik. Diese heilsgeschichtliche Zentralität Marias ist Muslimen fremd."[71]

Ich möchte dazu ergänzend zum Glauben Marias bei Lukas und im Koran Folgendes zu bedenken geben: Beim Glauben eines Menschen kommt es nicht nur darauf an, wie er glaubt, sondern noch mehr darauf, woran er glaubt. Die Maria des Koran glaubt, dass Gottes Wille der beste ist, ob wir ihn verstehen oder nicht. Sie unterwirft sich diesem höchsten Willen und ist bereit, ihn an sich wirken zu lassen. Damit kann sie uns ein Vorbild sein.

Maria nach dem Lukas-Evangelium glaubt, dass Gott ihren Sohn dazu erwählt hat, als sein Sohn der Messias Israels zu sein, der sein Volk erlösen wird aus allen seinen Sünden, der zugleich Licht der Völker ist und dessen Friedensreich kein Ende nehmen wird. Das sind zwei Glaubensinhalte, die einander zwar nicht widersprechen, die aber durchaus nicht deckungsgleich sind. Insofern können wir nicht sagen, die Maria des Koran habe den gleichen Glauben wie die Maria des Neuen Testaments. Beide sind sie Vorbilder des Glaubens: die Maria des Koran eines Glaubens, der damit rechnet, dass der Wille Allahs unter allen Umständen zu bejahen, dass ihm zu folgen ist; die Maria des Neuen Testaments des Glaubens, dass in diesem Kind Gott selbst sich mit seiner Menschheit für immer verbündet, um sie zum Heil und zum Frieden zu führen. Für uns Christen ist der Glaube daran, dass Gott in Jesus Christus sich mit uns unlösbar verbündet, die Quelle der Zuversicht, dass er es mit uns allen recht machen wird und dass wir allen Grund haben, uns seinem Willen freudig und zuversichtlich zu unterstellen.

Maria ganz persönlich

Was bedeutet Maria mir? Was bedeutet sie Ihnen, liebe Leserin und lieber Leser, ganz persönlich?

Zuerst: Wozu brauche ich Maria nicht? Ich benötige sie nicht als Fürbitterin bei ihrem Sohn. Jesus ist mir näher als alle anderen in der Bibel bezeugten Personen. Er ist mir näher, als ich es ihm bin. Der Jesus, der sein Leben so sehr für mich wie für andere eingesetzt und hingegeben hat, braucht keine jenseitigen Mittelspersonen. Er braucht auch niemanden, der ihn auf unsere Nöte aufmerksam macht. Sie sind ihm voll gegenwärtig.

Was sagt mir die Jungfräulichkeit Marias? Ihre biologische Jungfräulichkeit vor der Geburt Jesu, die bei Matthäus und Lukas bezeugt wird, ist mir nicht sehr wichtig. Viel wichtiger ist mir, was sie zeichenhaft ausdrücken soll: dass Gott hier mit uns allen, mit seiner gefährdeten Menschheit, einen totalen Neuanfang macht, dass ER es ist, der das Blatt wendet. Und dass Jesus in dieser Welt nicht von dieser Welt ist. Dass er ganz bestimmt ist von Gottes Geist.

Die bleibende Jungfräulichkeit Marias nach der Geburt Jesu, wenn sie biologisch vorgestellt wird, ist unbiblisch und schon von daher für mich kein Thema.

Aber das Jungfräuliche an Maria als Ausdruck einer Geistes- und Seelenhaltung gibt mir doch zu denken. Es wird immer wieder als das Bräutliche bezeichnet. Ich denke, auch als evangelischer Christ, über das Brautgeheimnis der Kirche nach. Dann stehen vor mir abscheuliche Beispiele, in denen Kirchen sich mit menschenverachtenden Diktaturen eingelassen haben, sich wohl gar von ihnen gleichschalten ließen und dann total unfähig wurden, ihr Wächteramt auszuüben. Die Kirche als eine untreue, ehrlose Braut, die sich den Mächten dieser Welt anbiedert und so zum Gespött wird. Darum ist eine Besinnung auf das Brautgeheimnis der Kirche für uns hilfreich. Und was für die Kirche gilt, das gilt für jeden von uns ganz persönlich. Es ist ein Trauerspiel, wenn wir Christen unser Treueverhältnis zu Jesus Christus lösen, uns anderen überpersönlichen Mächten in die Arme werfen, ob das nun der Mammon, die Prestigesucht, das Karrieredenken oder eine Ideologie ist.

In der Epiphaniaszeit singen wir in unseren Kirchen, am liebsten in der Vertonung von Johann Sebstian Bach, das Lied „Wie schön leuchtet der Morgenstern“ von Philipp Nicolai (EG 70). Auch die Verse, in denen in barocker Ausdrucksweise in mystischen Bildern das bräutliche Verhältnis zu Christus und Jesu Christi zu uns umschrieben wird, sind bis jetzt nicht getilgt. Warum singen wir sie?

Weil sie, freilich in sehr barocker, uns wirklich ferner Sprache, ausdrücken: Ich weiß, wem, abgesehen von meinem Verhältnis zu meinen vertrautesten Mitmenschen, mein Vertrauen und meine Liebe im Innersten gehören. Mit wem ich für mein ganzes Leben und darüber hinaus verbunden bin. Auf wessen Stimme ich höre. Mit wem ich - wie dürftig auch immer! - kommuniziere. Von wem ich erbitte und erwarte, dass er es mit mir und mit all den vielen, deren Geschick mich umtreibt, gut machen wird. Ich denke über dieses sehr persönliche Verhältnis nach wie einer, der über ein verlorenes Paradies nachdenkt, das er verlassen und verloren hat. Wir haben alle in hundert fragwürdigen Kompromissen unsere Unschuld verloren. Aber das Bild des Bräutlichen steht vor uns als jenes Verspielte, Verlorene, das wir zurückersehnen. Insofern kann ich es verstehen und achte ich es, dass unendlich viele Menschen mit sehnsuchtsvollen Gedanken an die Jungfrau Maria denken, wobei sie an ein Ideal der reinen Treue zu Gott denken, in dem sie sich selbst gern wiederfinden würden.

Maria ist eine Mutter im Glauben. Nicht in dem Sinn, dass sie uns als Glaubende gebären könnte. Auch nicht so, dass sie uns als Mutter Kirche verwandelt neu begegnet. Das Bild der Mutter Kirche wird im Neuen Testament nie gebraucht. Dass Paulus einmal an die Gemeinden in Galatien wie an seine lieben Kinder schreibt, er gebäre sie abermals in Ängsten (Gal 4,19), kann nicht einfach auf die Mutter Kirche ausgeweitet werden, die geistliche Kinder gebäre. Vielleicht würden wir auch besser daran tun, Maria unsere Schwester im Glauben zu nennen.

Aber das ist sie gewiss. Sie kann unserem Glauben zu Hilfe kommen, wenn wir über ihren Glauben nachdenken. Darüber, wie sie sich trotz aller schweren Zweifel auf das einlässt, was der Engel sagt. Darüber, dass sie Leiden um Jesu Christi willen auf sich nimmt. Wird er abgelehnt, bedroht, verfolgt, so trifft es auch sie. Ganz direkt ist sie in Mitleidenschaft gezogen durch das Geschick ihres Sohnes. Es kann uns auch für unseren angefochtenen Glauben helfen, darüber nachzudenken, wie Maria ihren Sohn eine Zeit lang offenbar durchaus nicht verstanden hat, wie sie gewiss hin- und hergerissen war zwischen mütterlicher Liebe und seinem Anspruch, der Unruhe, die er erzeugt hat. Nicht zuletzt da ging ein Schwert durch ihre Seele. Maria, die Schwester der im Glauben Angefochtenen.

Und dann: Maria unter dem Kreuz. Vielleicht war das die erste christliche Gemeinde, die da stand: die drei Marien, der Jünger Johannes, dazu der Verbrecher am Kreuz, der in letzter Stunde durch die Nähe Jesu zurück zu Gott gefunden hat. Die erste Kreuzgemeinde. Jesus, der den Hass der unglückseligen Menschen erduldet, der sein Leben für sie alle bis zuletzt einsetzt, gibt sie einander: „Maria, das ist dein Sohn. Johannes, das ist deine Mutter."

Vor allem aber: Maria, die Mutter Jesu. Sie ist die kompetenteste Zeugin dessen, dass der, der keiner wie wir ist, doch einer von uns ist. Ein Mensch aus Fleisch und Blut, geboren von einer Frau namens Maria, die in der frühen Gemeinde in Jerusalem ein und aus ging. Also ist er nicht eine Christus-Mythe, eine schöne Sehnsuchtsidee, sondern so real wie jeder von uns. Also hat Gott sich in ihm wirklich mit uns real existierenden Menschen verbunden, um unsere Leiden, auch unser Schuldigwerden auf sich zu nehmen.

Jesus – Das göttliche Kind

Wege zu Gott

Wir suchen dich nicht.
Wir finden dich nicht.
Du suchst und Du findest uns,
Ewiges Licht.
Wir lieben Dich wenig,
Wir dienen dir schlecht,
Du liebst und Du dienst uns,
Ewiger Knecht.
Wir eifern im Unsern
Am selbstischen Ort.
Du musst um uns eifern,
Ewiges Wort.
Wir können Dich, Kind
In der Krippe, nicht fassen.
Wir können die Botschaft nur
Wahr sein lassen.

So beschreibt Albrecht Goes das Kind in der Krippe in seinem Gedicht „Die Stimmen der Anbetung“[72].

Verschiedene Religionen zeigen verschiedene Wege, die wir gehen sollen, um zu Gott zu gelangen. Und Menschen, die sich als Seelenführer verstehen, lehren verschiedene Techniken, durch die wir auf unserem Weg zu Gott vorankommen könnten, wenn wir sie nur entschlossen und ernsthaft beschreiten würden.

Etwa den Weg der Askese, des Zügelns oder auch Abtötens von Wünschen, die uns nicht wirklich weiterführen. Finden wir auf diesem Weg Gott? Askese und Selbstzucht können uns davor bewahren, uns im Beliebigen zu verlieren und schließlich viel mehr gelebt zu werden als selbstbewusst zu leben. Ja, aber Askese und Selbstzucht als Weg zu Gott?

Andere meinen, durch höhere oder tiefere Erkenntnis finde der Mensch Gott. Nichts gegen und viel für höhere und tiefere Erkenntnis. Aber: Wie sollen Kinder oder auch geistig behinderte Menschen zu Gott kommen, wenn der Weg über höhere Erkenntnis führt, die allenfalls der Intellektuelle fassen kann? Und: Kann der Mensch von sich aus einfach so zu Gott vorstoßen, ihm seine Geheimnisse entreißen? Wird von Gott in der Bibel nicht deswegen so gut wie immer in personalen Kategorien geredet, weil er sich uns Menschen ebenso gut verschließen wie öffnen kann?

Meditative Praxis empfehlen andere als den Weg zu Gott. Meditation als Weg in die Tiefe des Seins durch Versenkung. Zweifellos ist Meditation für uns Menschen viel förderlicher als jene stupide Zerstreuung, die uns nur noch auf die stärksten Reize reagieren lässt. Wie Dietrich Bonhoeffer im Predigerseminar täglich ein Bibelwort meditierte, das kann weiterführen. Eine Meditation aber, in der ein Mensch lediglich sich selbst ausgeliefert ist, wie soll er durch sie zu Gott finden? Es wird ihm gehen wie Annette von Droste-Hülshoff, die in ihrem Gedichtzyklus „Das geistliche Jahr" schreibt[73]:

> Und sieh, ich habe dich gesucht mit Schmerzen.
> Mein Herr und Gott, wo werde ich dich finden?
> Ach, nicht im eignen ausgestorbnen Herzen,
> Wo längst dein Ebenbild erlosch in Sünden:
> Da tönt aus allen Winkeln, ruf ich dich,
> Mein eignes Echo wie ein Spott um mich.

Oder führen schlicht gute Werke zu Gott? Gute Werke an Armen und Hilflosen sind notwendig. Auch können wir hoffen, dass ein Mensch beim Tun der Werke der Barmherzigkeit (Mt 25,35 ff.) nicht nur Frust, sondern auch eine gewisse Befriedigung erlebt. Aber gute Werke als Weg zu Gott?

Die Botschaft, dass Gott in Jesus zu uns kommt, uns sucht und uns findet in dem Kind in der Krippe und in dem Mann, der gekommen ist „zu suchen und selig zu machen, was verloren ist" (Mt 18,11), entwertet weder Askese noch das Streben nach höherer oder tieferer Erkenntnis noch die Praxis der Meditation noch gar die Werke der

Barmherzigkeit. Aber sie sagt uns: Nicht ihr findet auf diesen Wegen Gott, sondern Gott kam zu euch. Er hat euch immer gesucht und er hat euch längst gefunden in Jesus Christus. Es ist befreiend, unter dieser Voraussetzung zu leben als verlorene, gesuchte und wiedergefundene Töchter und Söhne Gottes.

Die Geburt der Menschenwürde

Es gibt kein eindeutigeres Bekenntnis zum real existierenden Menschen als dieses: Gott wurde ein Mensch. Einer von uns.

Selten bekennen sich Menschen rückhaltlos zueinander. Wenn überhaupt, dann eher mit Wenn und Aber. Oder einer bekennt sich zum anderen, wie er seiner Auffassung nach sein sollte. Er denkt: Ich gebe ihm eine Chance, der und der zu werden. Wird er so nicht, dann sagt er bald: Er hat mich enttäuscht. Wenn zwischenmenschliches Leben unter diesem Aspekt geschieht, dann stehen die Beteiligten immer unter dem Druck, die Zuneigung des andern verdienen zu müssen. Dann fragt sich der eine oder die andere ständig, ob er oder sie genüge. Man lebt dann in ständiger Bewährungsfrist. Dieser Druck macht unfrei.

Indem Gott ein Mensch wird, bekennt er sich zu dem Menschen, der ist, wie er durch Kräfte von außen und von innen geworden ist.

Ich habe seit meiner Vikarszeit in Ulm immer wieder am Heiligen Abend im Gefängnis gepredigt. Auch deswegen, weil der 24. Dezember im Gefängnis der explosivste Tag ist. Alle Gefühle schießen da zusammen, Sehnsucht nach Liebe und Geborgenheit, Verzweiflung darüber, dass das alles zerbrochen ist. Die Sehnsucht, als Mensch so wie man nun einmal ist und dran ist, bejaht, womöglich geliebt zu werden. An keinem Abend ist - nicht nur im Gefängnis! - die Selbstmordgefahr so hoch. Mancher Pfarrer, der vor einer nichtsahnenden Gemeinde auf der Kanzel steht, hat vorher am Telefon oder Auge in Auge mit einem Menschen darum ringen müssen, dass er diesen Tag überhaupt überlebt. Oft dachte ich im Stillen: Abschaffen sollte man diesen Tag! Er ist zu gefährlich.

„O du fröhliche, o du selige" singen wir, um die Geister der Weihnachtsdepression zu bannen. Denn an diesem Abend fühlt der Einsame sich einsamer, der Ausgegrenzte sich ausgegrenzter, der Bestrafte sich bestrafter. Es sei denn, die Weihnachtsbotschaft geht ihm auf.

Die Botschaft dieses Abends ist: Gott bekennt sich zu dir ohne Bedingung. Für ihn bist du nicht ein misslungenes Projekt, sondern sein geliebtes Kind. Du kannst zu dir stehen, weil Gott zu dir steht. Und steh' zum andern, wie Gott zu ihm steht. Du musst auch nichts im Alkohol oder in lautem Getöse betäuben. Du kannst allein oder mit anderen froh und gelassen feiern.

Als ich einmal am Heiligen Abend im Gefängnis den Gottesdienstraum betrat, hatten Gefangene mit Tannenzweigen auf ein großes Tuch die Buchstaben gesteckt: „Auch uns ist der Heiland geboren!" Auch uns. Nicht nur denen, die uns die kalte Schulter zeigen.

Die Botschaft des Engels auf dem Hirtenfeld heißt nicht: „Friede auf Erden den Menschen guten Willens" (lateinisch bonae voluntatis), so dass selbst noch am Heiligen Abend Gutwillige und Böswillige säuberlich geschieden werden. Vielmehr: „... und Frieden auf Erden den Menschen (allen), denen Gottes Wohlgefallen gilt." Womit gemeint ist: den real existierenden Menschen überhaupt. Gott bekennt sich zu uns allen, indem er einer von uns wird.

Die Menschwerdung Gottes steht gegen den Trend, Menschen in Gute und Böse, in wertvolle und wertlose Menschen einzuteilen. Weihnachten ist die Geburt der Menschenwürde, weil Gott uns dessen würdigt, einer von uns zu werden. Das gibt uns Würde. Nicht dieses oder jenes, das wir an uns oder in uns tragen. Nicht dieses oder jenes, zu dem wir fähig sind. Die gesamte philosophische Anthropologie, die seit Immanuel Kant unsere Menschenwürde in etwas sucht, was in uns ist oder wozu wir fähig sind, wird durch die Menschwerdung Gottes überwunden. Wir haben dann auch nicht mehr darüber zu diskutieren, ab wann der Embryo und bis wann der debile Mensch Menschenwürde und Lebensrecht habe. Noch weniger müssen wir uns dann Gedanken darüber machen, ob ein geistig schwer behinderter Mensch weniger wert ist als ein hoch begabter und kerngesunder. Das Christkind holt uns von dieser schiefen

Ebene herunter. Es stellt uns auf den festen Grund, auf dem wir in Gottes Namen zu allen Menschen ein rundes uneingeschränktes Ja sagen können, ganz abgesehen von allem, was gegen sie und was gegen uns sprechen mag.

Dann ist das behinderte Kind kein misslungenes Projekt mehr, sondern ein Mensch, auf dem der Glanz der Freude Gottes liegt. Der Schulversager ist „mein lieber Sohn, an dem ich Wohlgefallen habe". Wir sind der PISA-Falle entkommen. Dann muss auch kein Mensch, wenn er alt und hilflos wird, sich genötigt fühlen, sein Ende auf irgendeine Weise zu beschleunigen. Die Diskussion um aktive Sterbehilfe wird dann überflüssig. Wir können uns dem Leben zuwenden auch unter erheblichen Einschränkungen. Und der passiven Sterbebegleitung, in der wir dem oder der Sterbenden deutlich machen: Wir gehören zusammen diesseits und jenseits der Todesschwelle, denn in beiden Halbkreisen der vom Tod durchschnittenen Gemeinschaft der Heiligen ist derselbe Christus der Mittelpunkt, der uns zusammenhält.

Fremd bin ich eingezogen

„Fremd bin ich eingezogen, fremd zieh ich wieder aus." Mit diesen Worten beginnt Franz Schuberts „Winterreise". Man könnte das Leben Jesu auch in dieser Klammer sehen.

Dass Jesus nicht in Nazareth, sondern in dem ca. hundert Kilometer entfernten Bethlehem zur Welt kam, dass Maria und Josef in Bethlehem offenbar vergeblich um ein angemessenes Quartier betteln mussten – „Wer klopfet an?" „O, zwei gar arme Leut", „Was wollt ihr denn?", „O gebt uns Herberg heut"... „Nein o nein, das kann nicht sein, da schert euch fort, ihr kommt nicht rein" – all das ist bezeichnend für den ganzen Lebensweg Jesu. „Er (Gott in Christus) kam in sein Eigentum, aber die Seinen nahmen ihn nicht auf" (Joh 1,11). Dann die Flucht nach Ägypten (Mt 2,13–15). Dort das Geschick eines Asylbewerberkindes.

Als er zum ersten Mal in seiner Heimatstadt Nazareth den Propheten Jesaja auslegt, werden seine Mitbürger wild und versuchen,

ihn vom Hinrichtungsfelsen zu stürzen (Lk 4,16–30). Das ist so ziemlich die drastischste Art, einem Mitbürger zu zeigen: Hier bei uns hast du nichts mehr zu suchen!

Als er Kurs auf Jerusalem nimmt und gern mit seinen Jüngern in einem samaritanischen Dorf übernachten würde, heißt es: „Und sie nahmen ihn nicht auf, weil er sein Angesicht gewandt hatte, nach Jerusalem zu wandern" (Lk 9,53).

Als Jesus in die heilige Stadt Jerusalem unter dem messianischen Jubel vieler einzieht, sollte man meinen: Nun ist er angekommen. Die Hauptstadt, mit der sich alle messianischen Hoffnungen verbinden, hat ihn angenommen. Aber wenige Tage später hängt er draußen vor dem Tor, zwischen Himmel und Erde, keinen Meter Boden unter den Füßen. Ein Fremder.

Warum? Weil er das Los derer teilt, die in unserer Welt zu Fremden gemacht werden, denen man dieses Stück Boden, auf dem sie heimisch werden könnten, nicht zubilligt. Es sind Millionen Menschen, die, durch Krieg, Hunger, Lebensbedrohung vertrieben, über Gottes Erde irren. Tausende von Menschen, die vor dem Hungertod in Afrika fliehen, versuchen es auf total überladenen Booten,

Europa zu erreichen. Wer weiß wie viele ertrinken; die Überlebenden zwingt man großenteils, in den Hunger zurückzukehren. Es spielen sich Tragödien vor der Südküste Europas ab, weil Europa sich weigert, die ungebetenen Gäste an seinem Wohlstand teilhaben zu lassen, obgleich deren Elend nicht zuletzt auch durch das Wirtschaftsgebaren europäischer Handelsunternehmen verursacht ist. Auch ich habe mehrfach Beispiele erlebt, die im eklatanten Widerspruch standen zu allem, was in Sonntagsreden als Werte des christlichen Abendlandes propagiert wird. Und als 45 Dekaninnen und Dekane unserer Landeskirche im März 1998 in einem Brief an den baden-württembergischen Innenminister dringlich um Einhaltung der Menschenrechte baten, hat sich die Situation der Asylsuchenden nur kurzzeitig verbessert. Wir können nur hoffen, dass die gegenwärtigen Ansätze zu mehr Menschlichkeit in Asylfragen ein Neuanfang sind. Wenn wir vor dem Kind in der Krippe und dem Mann am Kreuz stehen, wissen wir, dass der fremde Jesus und in ihm Gott selbst einer von diesen geringsten Brüdern und Schwestern wurde. Haben wir es mit ihnen, so haben wir es mit ihm zu tun.

Das Prinzip „Gleich und gleich gesellt sich gern", das die Grundordnung jeder Segregationsgesellschaft ist, macht ungezählte Menschen zu Fremden, die draußen vor der Tür zu bleiben haben. Die Kirche, die nichts weiter als Umgebung Jesu sein will, wird sich immer als Gegenbewegung zu diesen Ausgrenzungen verstehen. Wie Jesus die allerverschiedensten Menschen, verschieden nach Hautfarbe, Nation, Herkunftskultur, Charakter, Bildungsstand, Finanzkraft, zu sich ruft, so hält er sie beieinander und motiviert sie, einander zu dienen, „ein jeder mit der Gabe, die er empfangen hat" (1. Petr 4,10).

Aber Jesus musste auch deswegen von seiner Geburt bis zum Tod ein Fremder bleiben, weil er Gottes Fremdheit in seiner Welt verkörpert hat. Die Menschheit ist ihm davongelaufen, schafft sich ihre eigenen Götter, an die sie sich klammert, auch der christliche Teil der Menschheit. Die Götter heißen Geld, Erfolg, Prestige, Macht, Schönheit; es gibt nichts, was wir Menschen nicht vergotten könnten. Wir tanzen um goldene Kälber. Gott in Christus wird da ganz fremd.

Aber merkwürdig, in welchem Kontrast zur Fremdheit Gottes seine Liebe zu den Menschen steht. Zu denen, die als verloren gelten. Aber auch zu denen, die sich durchaus nicht zu den Verlorenen zählen. Jesu Lebensstil ist im Gegensatz zu dem Johannes des Täufers durchaus nicht der des Eremiten, der seine Fremdheit kultiviert und sich in die Einsamkeit zurückzieht. Vielmehr verkörpert er die menschenfreundliche Nähe Gottes zu seinen Menschenkindern. Bis zur totalen Missdeutung isst und trinkt er mit Menschen, mit denen nie ein Frommer sich an einen Tisch gesetzt hätte. Er lässt sich auch von Pharisäern einladen. Seine Nähe zu Menschen überschreitet jede Grenze. Tausende spüren den „galiläischen Frühling", hängen an seinen Lippen, heften sich an seine Fersen. Heilung und Leben gehen von ihm aus.

Und dennoch ist er der Fremde, der draußen vor dem Tor verlassen stirbt. So verkörpert er beide Eigenschaften Gottes: seine grenzüberschreitende, Menschen suchende und findende Menschenliebe und zugleich seine Fremdheit unter den Menschen. In dieser Spannung vollzieht sich das Erdenleben Jesu vom ersten bis zum letzten Tag.

Wo stehen wir Christen, wo stehen die Kirchen heute? Ich sehe vor allem zwei Versuchungen: Wir sind versucht, uns der Fremdheit Jesu Christi in dieser Welt zu schämen. Dann feilen wir alles Fremde an ihm und seiner Botschaft ab und sagen mit einigen religiösen Ober- und Untertönen, was sowieso die Spatzen von den Dächern pfeifen. Wir sind versucht, die Botschaft zu banalisieren, zu popularisieren, enden schließlich im Populismus, merken gar nicht, wie unsere ganze Existenz als Kirchen und als Einzelne auf die Melodie gestimmt ist: „Ich kenne diesen Menschen nicht" (Mt 26,74).

Unsere andere Versuchung ist, dass wir uns von vornherein auf diese Fremdheit des Christen festlegen, unsere Unfähigkeit und Trägheit, über unseren Schatten zu springen, damit rechtfertigen. Dass wir eine christliche und kirchliche Bunkermentalität praktizieren und wehleidig jeden kleinen Nadelstich als Beweis unserer Fremdheit um Christi willen verstehen.

Ich weiß nicht, welche Versuchung gegenwärtig bei uns akuter ist. Es ist uns aufgegeben, in dieser Welt nicht „von dieser Welt" zu sein.

Mitten in dieser Welt mit offenen Augen zu sehen, was zu sehen ist, uns zu freuen an allem, was gut ist. Und sehr vieles ist gut, wenn das Licht Jesu Christi darauf fällt. Mitzufühlen mit den Leiden, die uns in Menschen entgegenkommen, uns einzusetzen mit den Kräften, die uns Gott schenkt und erneuert, um Leiden zu lindern und um Quellen hausgemachter Leiden zu verstopfen. Weltflucht ist keine christliche Möglichkeit. Wird uns die Nähe Jesu Christi dazu befähigen, wirklich in dieser Welt, aber nicht von dieser Welt her zu leben?

In Windeln gewickelt

Ein Tierbaby braucht keine Windeln. Es hat ein hübsches dickes Fell, das dann freilich noch dichter wird. Für uns Menschen gilt, was Paul Gerhardt dichtet:

> Nackend lag ich auf dem Boden,
> da ich kam, da ich nahm
> meinen ersten Odem;
> nackend werd ich auch hin ziehen,
> wenn ich werd von der Erd'
> wie ein Schatten fliehen.
>
> (EG 370,2)

Gott teilt im Kind in der Krippe unsere Schutzlosigkeit. Noch deutlicher wird es am Kreuz, an dem Jesus mehr oder weniger entkleidet hängt, so hilflos, dass er keiner Stechmücke wehren kann.

Schon im dritten Kapitel der Bibel, 1. Mose 3, gibt der fürsorgliche Gott Eva und Adam „Schurze“, eine gewisse Art von Kleidung, damit sie sich nicht voreinander genieren müssen.

Scham hat derzeit einen geringen Stellenwert. Viele verstehen Enttabuisierung als Fortschritt. Dietrich Bonhoeffer dagegen schreibt über die Scham, sie entstamme einem Gefühl dafür, dass wir Menschen nicht mehr eins sind mit unserem Ursprung, dass es für uns daher auch immer ein Wagnis ist, wenn wir uns voreinander, wie auch immer, entblößen. Er plädiert für eine Kultur der Schamhaftigkeit, gerade auch im geistigen und seelischen Bereich.[74] Er meint, der

schamlose Mensch sei kein Fortschritt und wo Schamlosigkeit sich verbreite, weiche die Menschlichkeit.

Nackt und bloß sind wir, wenn man uns vorrechnet, was wir einander und was wir unserer Bestimmung schuldig bleiben. Den Allernächsten bleiben wir oft am meisten schuldig. Wir sind darauf angewiesen, dass Gott unsere Blöße bedeckt. Das hebräische Wort für vergeben heißt wörtlich „bedecken".

Gott nimmt in Jesus unsere Blöße auf sich und er hüllt uns ein in seine Liebe, die Jesus Christus verkörpert, damit wir umso mehr darauf achten, dass wir niemanden beschämen. Auch bei Strafen, die ein Gericht aussprechen muss, soll doch der Schuldige so wenig als möglich beschämt werden. Der schamlosen Hexenjagd, mit der Boulevard-Blätter ihre Auflage steigern, werden wir entgegentreten. Wer vor dem in Windeln gewickelten Kind über unser Tun nachdenkt, der wird dort, wo kompromittierende Wahrheit auf den Tisch muss, dafür Sorge tragen, dass gerade Menschen, die nun nicht gut aussehen, vor der Zudringlichkeit derer geschützt werden, die stets ein Opfer haben wollen. Wir sind alle schutzbedürftig. Früher oder später.

Er hüllt uns in seinen Schutz, in die Vergebung und in seinen

Frieden. Er kleidet uns in das weiße Kleid der Unschuld, in das hochzeitliche Kleid zum Freudenfest der letzten Vereinigung Gottes mit seiner Menschheit (Mt 22,12; Offb 3,5; 7,9.13). In diesem Kleid können wir uns sehen lassen. Und einander sehen. Jetzt schon.

Ans Kreuz!

Als Pilatus die Menge fragte, was er denn mit Jesus machen solle (Mt 27,22), rief sie: „Ans Kreuz!"

Das Holz der Krippe erinnert an das Holz des Kreuzes. Und Phantasiebegabte konnten in Legenden berichten, sowohl das Holz der Krippe als das des Kreuzes stamme vom gleichen Baum. Von der Krippe zum Kreuz führt sein Erdenleben.

Ging es nicht einfacher? Warum im Leben Jesu Konflikt, Leiden und Kreuz? Weil die elementare Liebe Gottes, die alles Leben über Abgründen hält, ständig angegriffen ist. Auch durch uns, die wir sie nicht wirklich fassen können, weil wir zu eng sind für ihre Weite, zu nervös für ihren Frieden, zu mutlos für ihre Hoffnung. Weshalb wir diese Liebe, von der wir leben, immer neu auf diese oder jene Weise verleugnen, verraten, aus unserem Lebenskreis austreiben, ja sogar kreuzigen. Die ganze Passionsgeschichte Jesu ist eine einzige Darstellung dessen, was wir dieser Elementarkraft unseres Lebens antun. Sie ist großes Welttheater, Menschheitstheater, nur eben, dass die Akteure nicht spielen, sondern Ernst machen.

Ist jene elementare Liebe auch ohne Passion denkbar? Offenbar nicht. Wir reden ja auch von Liebe als Leidenschaft und sagen damit, dass sie „Leiden schafft", da sie notwendig mit harten Gewalten kämpfen muss, die sie aus unserem Leben vertreiben wollen.

Krippe und Kreuz. Es wäre kein Fehler, wenn wir den zweiten Weihnachtstag tatsächlich als Stephanustag begehen würden. Denn es wurde der geboren, der sagt: „Selig sind, die um der Gerechtigkeit willen verfolgt werden, denn ihrer ist das Himmelreich" (Mt 5,10). Matthäus umschreibt das Wort Gott gerne mit dem Wort „Himmel". Jesus sagt mit diesem Wort: Wohl denen, in denen diese Liebe so lebt, dass sie solche Konflikte auf sich nehmen und erdulden. Sie ebnen – hier auf unserer Erde – den Weg zur Gottesherrschaft.

Im Stall

Warum kommt Jesus im Stall zur Welt? Drei Antworten drängen sich mir auf:

Die erste: weil seine Art König zu sein ganz anders ist. Nicht Geld, Propaganda, Repräsentation, Pracht- und Machtentfaltung sind die Kräfte, aus denen sein Königtum lebt. Mit alledem hat Jesus nichts zu tun. Er sei dennoch ein König, sagt er dem ihn geringschätzenden Pilatus. Ein König sei er aus Anderland. „Ich bin dazu geboren und in die Welt gekommen, dass ich für die Wahrheit zeugen soll. Wer aus der Wahrheit ist, der hört meine Stimme (Joh 18,37)." Er gewinnt also Menschen nicht, indem er sie mit Glanz und Gloria blendet, sondern indem er durch das, was er mit seiner Person vertritt, einleuchtend wirkt. Ein König, der nicht durch Androhung und Ausübung von Gewalt regiert, sondern durch die Kraft jener Liebe, die warten, leiden, gewaltlos überwinden kann.

Die zweite: Er teilt das Los der Ungezählten, die bestenfalls im Stall zur Welt kommen. Oder in einer Wellblechhütte im Slum. Oder auf dem Müllplatz zwischen all dem Prestige-Müll, den man aus Wohlstandsländern angekarrt hat. Er wird der letzte Mensch, damit wir es lernen, die letzten Menschen als Töchter und Söhne Gottes zu achten.

Die dritte: Wenigstens ein paar Andeutungen gibt es im Neuen Testament, dass Gott durch Jesus Christus in uns zur Welt kommen, *in uns* leben, uns mit seinem Geist erfüllen und regieren will. Etwa wenn Paulus sagt: „Ich lebe, doch nun nicht ich, sondern Christus lebt in mir" (Gal 2,19). Oder: „Wisst ihr nicht, dass ihr der Tempel Gottes seid und Gottes Geist in euch wohnt?" (1. Kor 3,16; vgl. 6,19).

Die Mystik, besonders Meister Eckart, redet von einer „Gottesgeburt" in der Seele des Menschen. Georg Weissel in seinem Adventslied „Macht hoch die Tür" (EG 1) rät uns: „... eur Herz zum Tempel zubereit" und „Die Zweiglein der Gottseligkeit steckt auf mit Andacht, Lust und Freud". Und im letzten Vers die Bitte: „Komm, o mein Heiland Jesu Christ, meins Herzens Tür dir offen ist." Auch Martin Luther kann sagen: „Ach, mein herzliebes Jesulein, | mach dir ein rein sanft Bettelein, | zu ruhen in meines Herzens Schrein, | dass ich nimmer vergesse dein" (EG 24,13).

Allen, die Schwierigkeiten haben, Zweiglein der Gottseligkeit in sich zu finden, sich selbst als Tempel Gottes zu verstehen, allen, die sich selbst als notorisch unaufgeräumt und gar nicht gottselig erfahren, sagt die Gottesgeburt im Stall: Denkt daran – Gott will im Stall wohnen. Er will den Mist ausfegen, uns von den Ratten und noch mehr von unserer Rattenphobie befreien. Und er will mit seinem Licht und seiner Wärme dafür sorgen, dass auch der Stall in uns ganz wohnlich, womöglich geradezu heimelig wird.

Die Hütte

Wenn wir an den Stall von Bethlehem denken, in dem Jesus und mit ihm Gott selbst zur Welt kommt, dann spannt sich uns ein Bogen zum zweitletzten Kapitel der Bibel, Offenbarung 21, in dem der auf die Sträflingsinsel Patmos verbannte Seher Johannes uns Einblick gibt in seine Vision vom neuen Himmel und der neuen Erde und von der heiligen Stadt Jerusalem, die von Gott selbst neu gebildet wurde, eine neue Menschengemeinschaft, die, „wie eine geschmückte Braut ihrem Mann", Gott zugekehrt ist.

Dann berichtet er, was er gehört hat: „Siehe da, die Hütte Gottes bei den Menschen! Er wird bei ihnen wohnen und sie werden sein Volk sein, und er selbst, Gott, wird mit ihnen sein; und Gott wird abwischen alle Tränen von ihren Augen und der Tod wird nicht mehr sein, noch Leid, noch Geschrei noch Schmerz wird mehr sein; denn das Erste ist vergangen. Und der auf dem Thron saß, sprach: Siehe, ich mache alles neu."

Ein sehr merkwürdiges Buch wurde in den letzten Jahren zum Welt-Bestseller: William Paul Youngs „Die Hütte".[75] Es berichtet über einen Mann namens Mackenzie, dessen Leben verstört ist, seit seine jüngste Tochter einem Verbrechen zum Opfer fiel. Ihre letzte Spur hat man in einer Schutzhütte im Wald gefunden, nicht weit vom Campingplatz der Familie. Jahre später erreicht Mackenzie ein merkwürdiger Brief, der ihn einlädt in eben diese Hütte. Er folgt der Einladung und findet dort in verblüffender Unmittelbarkeit Gottvater - in Gestalt einer gütig heiteren Frau dunkler Hautfarbe - und ihren Sohn. Er erlebt ein Wochenende in der Hütte Gottes bei den Menschen. Und in ihr Gott und Jesus ganz unmittelbar. Schließlich begegnet ihm auch die verlorene Tochter, befreit, selig, der Tod liegt weit hinter ihr, Schmerz, Geschrei, all das ist überwunden. Denn es ist alles neu geworden.

Das Erlebnis der Nähe Gottes vermittelt dem von Krisen geschüttelten Mackenzie die Gewissheit, dass hinter allem, was wir erleben, Gott seinen Plan verwirklicht, dessen Ziel es ist, die Tränen, auch gerade die nach innen geweinten, für immer zu trocknen, das Leid in gelöste Freude zu verwandeln.

Dass dieses oft in irritierender Banalität daherkommende Buch von Millionen Menschen gelesen und weitergegeben wird, zeigt, bei wie vielen es die Ahnung und die Sehnsucht anspricht nach der Hütte Gottes, in der wir mit Gott reden können wie mit einem nahen Freund, mit dem Gott, der unser Leid überwindet.

Vom Stall und der Hütte komme ich auf die „Hütte Gottes“ in Ulm, in der ich elf Jahre lang die Aufgabe hatte, Menschen die gute Botschaft von dem Gott weiterzusagen, der bei uns wohnen will und dessen Volk wir sein dürfen. Unvergesslich, wie beim Münsterjubiläum 1990 ein von Karl Michael Komma eigens dazu komponiertes Oratorium „Die Hütte Gottes“ uraufgeführt wurde. Oft habe ich mich gefragt: Was hat Generationen von Bürgerinnen und Bürgern dazu motiviert, diese gewaltige Hütte Gottes zu bauen, zu bewahren, zu konservieren und zu renovieren für nicht wenig Geld? Das Hauptmotiv wird doch sein: Wir sehnen uns nach dem Gott, der wirklich mitten unter uns wohnt, dem wir alle unseren Sorgen bringen können, der unser Leid trägt, der uns hört und antwortet. Der durch seine Gegenwart unser ganzes Leben zusammenhält und ordnet.

Die Hütte Gottes bei uns Menschen, seine Gegenwart, ist nach Johannes 1,14 Jesus Christus. Mit ihm wohnt Gott bei uns, durch ihn lässt er sich von uns ansprechen, durch ihn überwindet er unser Leid.

Durch ihn will Gott jeden Menschen dahin bringen, dass er, versöhnt mit seinem eigenen Geschick, gereinigt und gereift durch alles Erlebte und Erlittene, frei und fähig wird zum Leben in der ungetrübten Gemeinschaft mit Gott und den Menschen.

Für mich folgt daraus, dass ich jeden Menschen unter diesem Aspekt sehen will. Das Kind in der Krippe, der Wanderprediger in Galiläa, der Seele und Leib heilende Christus, der die Verlorenen findet, der am Kreuz all das Verquere im Menschen auf sich genommen hat, der am Ostermorgen Auferstandene macht mir dazu Mut. Er hellt meine Gedanken und Gefühle auf, so dass ich bereit werde, auch Menschen, die sich vor ihm verschließen, in seinem hellen Licht zu sehen. Von daher meine Gewissheit: Keiner bleibt verloren, das Eis des Unglaubens wird dieser Sonne auf die Dauer nicht standhalten. Der Unglaube schafft keine letztgültigen Fakten. Denn „Gott will, dass allen Menschen geholfen werde und sie zur Erkenntnis der Wahrheit kommen" (1. Tim 2,4). Wenn Gott etwas will, dann ist das sein heiliger Wille. Den wird er zum Ziel bringen bei jedem Menschen. Dass er sich in der Menschwerdung mit jedem Menschen unlösbar verbunden hat, das stärkt meine Hoffnung für jeden Menschen.

Und durch ihn wird er auch diese hochgradig gefährdete Welt so weit bringen, dass die ganze Erde wieder spürbar Hütte Gottes wird, in der wir seine Herrlichkeit voll Vergnügen sehen und spüren.

Ich sehe die Welt, in der wir leben und die wir mitgestaltet haben, durchaus gefährdet: durch das atomare Experiment, das den absolut zuverlässigen, fehlerfreien Menschen voraussetzt und darum mit dem Feuer spielt. Durch die ökologische Selbstmordfalle, in der wir uns befinden. Und durch die globale Verschärfung der sozialen Gegensätze, die sehr viel Explosivstoff in sich tragen.

Kann ein Mensch, der diese Entwicklungen sieht, dennoch hoffen, die Menschheit werde zur Mitmenschlichkeit und gegenseitigen Hilfe finden, so dass in ihr, wie es im Psalm 85,11 heißt, „Gerechtigkeit und Frieden sich küssen"? Was berechtigt uns zu solchen Hoffnungen? Was motiviert dazu, mitzumachen bei Initiativen, die Umkehr zum Leben praktizieren, und Menschen zu unterstützen, die auf der politischen Ebene Wege aus der Gefahr suchen?

Mich motiviert dazu die Botschaft, dass Gott sich in Jesus Christus unlösbar mit seiner Menschheit und ihrer Erdenwelt verbunden hat. Seiner Treue traue ich es zu, dass er sie nicht „zum Teufel gehen" lässt, dass er sie vielmehr durch alle Krisen und Katastrophen hindurch befähigen wird, die überlebensnotwendige Umkehr zum Leben zu vollziehen.

Sogar das oft leichtfertig gehandelte Wort Optimismus scheue ich in diesem Zusammenhang nicht. Es beeindruckt und verpflichtet mich, dass Dietrich Bonhoeffer an der Wende zum Jahr 1943, also in einer unheimlich deprimierenden Weltlage, an seine Mitverschwörer folgende Worte schrieb: „Den Optimismus als Willen zur Zukunft soll niemand verächtlich machen, auch wenn er hundert mal irrt; er ist die Gesundheit des Lebens, die der Kranke nicht anstecken soll. Es gibt Menschen, die es für unernst, Christen, die es für unfromm halten, auf eine bessere irdische Zukunft zu hoffen und sich auf sie vorzubereiten. Sie glauben an das Chaos, die Unordnung, die Katastrophe als den Sinn des gegenwärtigen Geschehens und entziehen sich in Resignation oder frommer Weltflucht der Verantwortung für das Weiterleben, für den neuen Aufbau, für die kommenden Geschlechter. Mag sein, dass der Jüngste Tag morgen anbricht, dann wollen wir gern die Arbeit für eine bessere Zukunft aus der Hand legen, vorher aber nicht."[76]

Frauen, Männer und Kinder – Beschenkte durch die Krippe

Es mag manchen, der unsere Krippe betrachtet, wundern, dass ich die folgenden Figuren mit ihren Gaben nicht zur Krippe hingehen, sondern von der Krippe herkommen lasse. Ich will mit meiner Umkehrung ihrer Richtung spürbar machen: Nicht wir bringen Jesus unsere freundlichen Gaben, sondern wir stehen mit leeren Händen vor ihm, empfangen von ihm alles Wesentliche, geben es, von der Krippe Jesu kommend, einander weiter.

Brot und Wein

Sympathisch, diese Frau mit ihrem feinen Gesicht, mit ihren kräftigen Armen und Händen, denen man abspürt, dass sie die ganz alltägliche Arbeit nicht scheuen. Was trägt sie in ihren Händen? Brot in der linken, vielleicht ein besonderes Gebäck; in der rechten Saft, Most, Bier, Wein? Wohl das ortsübliche Getränk.

Sie versorgt andere und tut das mit einer solchen Selbstverständlichkeit, dass wir spüren: Sie ist da ganz einig mit sich selbst. Sie tut sich nicht leid, dass ihr diese Arbeit zufällt. Hoffen wir, dass diejenigen, die sie versorgt, es sich immer neu klar machen, dass ein gedeckter Tisch ein Vorrecht ist. Hoffen wir, dass ihre Kinder so erzogen werden, dass sie dankbar essen, was auf den Tisch kommt, dass sie nicht schleckig und zu Tyrannen ihrer Mütter werden. Wem wäre damit geholfen?

„Gebt ihr ihnen zu essen", sagt Jesus (Mt 14,16). Im Volk Israel gab es gewiss auch arme Leute. Aber es gehörte zum Selbstbewusstsein des erwählten Volkes, dass niemand hungern muss. Dieses Selbstbewusstsein steht uns Christen auch gut an. Gut darum die Tafelläden, Vesperkirchen, Suppenküchen, gut der Nothilfeverein und alles, was zu einer ordentlichen Ernährung der Armen beiträgt.

Freilich, mit Armenspeisung und Nothilfeverein allein sind die Notlagen bei weitem nicht behoben. Es ist eine Frage des gerechten

Lohns, auch der Mindestlöhne, es ist zugleich eine Frage der Sozialpolitik. Wir können nur hoffen, dass der Geist Jesu Christi recht viele Verantwortliche inspiriert, damit wir ganz selbstverständlich das Teilen lernen.

Gewiss auch weltweit. Wer wenn nicht wir Christen, die wir in allen Völkern dieser Erde vertreten sind, soll dieses Grundanliegen der Menschlichkeit politisch vertreten, argumentierend propagieren und praktisch leben?

Es beschäftigt mich noch immer, dass ich nach einem Erntebittgottesdienst heftige Kritik erhielt, weil ich gesagt hatte, wir könnten nicht Erntedankfest feiern, wenn wir den Weizen, den Gott uns wachsen lässt, zur Energiegewinnung verbrennen. Wir bitten „Unser tägliches Brot gib uns heute". Er gibt es uns. Aber nicht dazu, dass wir es verfeuern.

Brot und Wein erinnern uns auch daran, dass Jesus diese Gaben würdigt, im Abendmahl die Zeichen seiner Hingabe für uns zu werden. So weist uns diese Frau, die von der Krippe kommt, hin auf das Brot des Lebens, das Jesus selbst ist und das er uns in seinem Mahl austeilt. Es geht uns gut, wenn wir beides von Jesus Christus dankbar empfangen.

Honig

Dass auch einer einen Bienenstock durch unsere Krippenlandschaft trägt! Vermutlich dachte der Schnitzer, als er diese Figur schuf, an die Weissagung von Jesaja 7,14, nach der eine junge Frau einen Sohn gebären und ihn Immanuel nennen wird, von dem es heißt: „Butter und Honig wird er essen, bis er weiß, Böses zu verwerfen und Gutes zu erwählen."

Honig[77] war in Israel der einzige Süßstoff, gehörte damals zu den Grundnahrungsmitteln. In Sirach 39,31 wird aufgezählt, was ein Mensch an sichtbaren, greifbaren Gaben nötig hat: „Der Mensch braucht zu seinem Leben vor allem Wasser, Feuer, Eisen, Salz, Mehl, Milch, Honig, Wein, Öl und Kleider."

Immer wieder wird das Gelobte Land gerühmt, dass dort Milch und Honig fließen (5. Mose 8,8). Besonders erwähnt wird die Tatsache, dass in kleinen Felsenlöchern Honig zu finden war. Gottes Findelkind Israel ein Volk, das Honig aus dem Felsen saugt (5. Mose 32,13; Ps 81,17). Auch mit der Liebe einer leidenschaftlich zärtlichen Frau wird der Honig verglichen: „Von deinen Lippen, meine Braut, träufelt Honigseim. Honig und Milch sind unter deiner Zunge und der Duft deiner Kleider ist wie der Duft des Libanon" (Hld 4,11).

Vor allem aber wird die vom Geist Gottes vermittelte Weisheit mit Honig verglichen: „Iss Honig, mein Sohn, denn er ist gut, wie Honigseim deinem Gaumen süß ist. So ist Weisheit für deine Seele; wenn du sie findest, so wird dir's am Ende gut gehen, und deine Hoffnung wird nicht umsonst sein" (Spr 24,13). Oder: „Dein Wort ist meinem Munde süßer als Honig. Dein Wort macht mich klug" (Ps 119,103).

Wer von Jesus Christus her kommt, der kommt immer von der Quelle jenes Stoffes, der uns Lebenskraft gibt und der uns die Süßigkeit der Liebe spüren lässt, die aus der Liebe Gottes kommt. Wenn wir diesen Honig aus dem Felsen Christus saugen, blicken wir viel freier, zuversichtlicher, auch unternehmungslustiger in die Welt, die Gott in Jesus Christus liebt.

Manchmal sehe ich jenen barock genährten Jungen vor mir, der in

der Klosterkirche Birnau am Bodensee den Pater melificus, den honigfließenden Lehrer, Bernhard von Claiveaux, verkörpert. Er schleckt sich gerade den Finger ab, mit dem er im Honigglas genascht hat. Lassen wir uns die Süße geben aus der Quelle, aus der wirklich Milch und Honig fließt.

Wärme

Diese rüstige Frau hat im Wald Brennholz gesammelt. Sie trägt es in ihre Stube. Oder in die der kranken Nachbarin? Der Holzkorb ist randvoll. Er dürfte schwer sein. Aber ihr schönes Gesicht lässt uns spüren: Sie weiß, was sie tut. Und sie freut sich, dass sie noch stark

genug ist, der Nachbarin das Holz ins Haus zu tragen. Sie bringt Wärme in die Stube.

Bert Brecht redet einmal von „der großen Kälte dieser Welt". Immer wieder spüren auch wir hierzulande etwas von der sibirischen Kälte im Winter. Wie geht es den Leuten, die nicht wissen, wann ihnen das Stromversorgungsunternehmen den Strom abschaltet, weil sie ihre Stromschulden nicht zurückzahlen können? Wie geht es Wohnsitzlosen?

Wir können zum Beispiel der Heilbronner Aufbaugilde nur dankbar dafür sein, dass sie eine Kältehilfe eingerichtet hat, durch die sie Wohnsitzlose wenigstens in geheizten Bauwägen übernachten lässt.

Und dem Nothilfeverein, dass er dazu hilft, dass die Heizung nicht abgeschaltet wird.

Noch mehr als an dieser Kälte, die mit Celsius-Graden zu messen ist, leiden viele Menschen an der ständigen Unterkühlung, die sie sich an ihrer Arbeitsstelle holen. Wenn der Mitarbeiter nur noch als Arbeitskraft, nicht mehr als mitarbeitender Mensch angesehen wird. Tun wir alles, damit Menschen innerlich nicht auskühlen, sei es in den Betrieben, in der Schule und erst recht nicht im eigenen Haus.

Denken wir an diese Frau, die Wärme ins Haus trägt. Sprechen wir das Friedensgebet, das Franz von Assisi zugeschrieben wird:

O Herr,
mach mich zu einem Werkzeug deines Friedens,
dass ich Liebe übe, wo man sich hasst,
dass ich verzeihe, wo man sich beleidigt,
dass ich verbinde da, wo Streit ist ...
O Herr, lass du mich trachten:
Nicht, dass ich getröstet werde, sondern dass
ich tröste;
nicht, dass ich verstanden werde, sondern dass
ich verstehe;
nicht, dass ich geliebt werde, sondern dass
ich liebe ...

Früchte des Leids

„Hirte mit Stroh“ heißt schlicht diese Figur. Ich sehe in diesem Mann einen, der Garben bringt, und höre dabei Worte aus dem Psalm 126: „Die mit Tränen säen, werden mit Freuden ernten. Sie gehen hin und weinen und streuen ihren Samen und kommen mit Freuden und bringen ihre Garben.“

Durch Leid und Unrecht kann man bitter werden. Oder das Leid reinigt uns, lässt uns reifen.

Von Jesus wird immer wieder berichtet: „Als er das Volk sah, jam-

merte es ihn“ (Mt 9,36; 14,14; 15,32). Er nimmt es in sich hinein, auch unser Leid. Und er macht uns zu Menschen, die andere auf das hin sehen, was sie erlitten haben und erleiden. Menschen, die unnötige Urteile unterlassen. Die ihrem eigenen Leid gegenüber Distanz bekommen, die immer mehr hineinwachsen in die Gemeinschaft derer, die miteinander das Wort erfahren: „Geteiltes Leid ist halbes Leid. Geteilte Freude ist doppelte Freude.“ Dann ist nichts, was wir erleiden, umsonst.

Freiheit

Dieser Vogel ist seinem Käfig entkommen. Er sitzt auf ihm, und es sieht so aus, als würde er dem Jungen, der ihn gefangen hatte, ins Gewissen reden.

„Unsere Seele ist entronnen wie ein Vogel dem Netz des Vogelfängers; das Netz ist zerrissen, und wir sind frei“ (Ps 124,7).

Wovon befreit uns der in Bethlehem Geborene? Von der Zwangsidee, wir müssten uns durch irgendwelche Leistungen Existenzberechtigungsnachweise erarbeiten. Von der Idee, wir seien nicht wirklich, wir müssten uns erst selbst verwirklichen. Von der Angst, unser Leben sei sinnlos und wir müssten ihm einen Sinn geben. Solange wir das probieren, flattern wir im engen Käfig unsere Flügel wund, bis wir verletzt und flügellahm am Boden hocken.

Der Vogel ist frei! Wozu? Dazu, dass wir mit anderen zusammen unser Leben feiern, dass wir Gott loben und dass wir anderen dazu helfen, dass sie auch ihr Leben feiern und loben können.

Fester Stand

Wenn meine Frau und ich im Hochgebirge quer über ein abschüssiges Schneebrett gingen, dann waren wir immer heilfroh, wenn wir den Fels erreicht hatten. Besonders der letzte Meter auf dem steilen Schnee war gefährlich, da im Sommer durch die relative Wärme des Felsens der angrenzende Schnee weich wird. Einmal hat es mich erwischt. In einer Zehntelsekunde riss es mich nach unten. Ich höre noch den Schrei meiner Frau. Aber ich fiel nicht weit. Eine Felsnase hielt mich auf. Es mag beschwerlich sein, im Fels zu steigen. Aber man hat auf dem Felsen doch einen festen Stand.

Wer weiß wie oft wird in der Bibel, besonders in den Psalmen, dieses Bild „Fels“ auf Gott angewandt. „Der Herr ist mein Fels und meine Burg und mein Erretter“ (2. Sam 22,2). „Er erhöht mich auf einen Felsen“ (Ps 27,5). „Er zog mich aus einer grausigen Grube, aus lauter Schmutz und Schlamm, und stellte meine Füße auf einen Felsen, dass ich sicher treten kann“ (Ps 40,3).

Diesen Felsen haben wir in unserer Krippenlandschaft stehen in Gestalt eines Steines aus den Dolomiten. Zehntausendfach vergrößert, könnte man ihn ohne weiteres für einen jener gewaltigen Felsen halten, an denen Bergsteiger das Klettern üben.

Wie schön ist dort oben die Welt! Man sieht herab auf die Täler. Vieles, was da unten den Blick verstellt, wird nun ganz unbedeutend.

Kinder an der Krippe

Wenn wir die Kinder um das Krippenkind sehen, können wir uns vorstellen: Er schließt mit ihnen einen Pakt. Er verbündet sich mit ihnen, etwa in dem Sinn: Ihr habt noch viel vor euch. Ich werde mit euch sein. Ich will euch den Durchblick geben, den ihr braucht. Und den nötigen Mut. „Ich bin bei euch alle Tage."

Dass Jesus ganz unmittelbar für die Kinder da ist, das mussten seine Jünger erst lernen: „Lasst die Kinder zu mir kommen und wehrt ihnen nicht, denn solcher ist das Himmelreich" (Mt 19,14), das heißt, die Kinder haben an der Gottesherrschaft hier und jetzt Anteil.

Bezeichnend für sein Eintreten für Kinder ist auch, wie er im Blick auf die vielen elternlosen Kinder, die es damals in Palästina gab und heute in den Hunger- und Kriegsgebieten in Scharen gibt, sagt: „Wer

ein solches Kind aufnimmt in meinem Namen, der nimmt mich auf" (Mt 18,5).

Ebenso jenes flammende Wort, das seinen Zorn auf Menschen aufblitzen lässt, die den hilflosen Kindern ein Ärgernis geben. „Wer Ärgernis gibt einem dieser Kleinen, die an mich glauben, dem wäre es besser, dass ein Mühlstein an seinen Hals gehängt und er ersäuft würde im Meer, wo es am tiefsten ist" (Mt 18,6). Was für ein leidenschaftlicher Zorn! Was meint er mit Ärgernis? Brutalität gegen ein wehrloses Kind? Seelische Grausamkeit? Sexuellen Missbrauch? Meint er jene Missachtung, in der Erwachsene Kinder als Störfaktor sehen? Meint er den Missbrauch des Kindes als Prestigeobjekt der Eltern? Oder will er damit sagen, dass wir Kindern nicht ihre Kindheit rauben sollen, indem wir sie so früh als möglich in ein Leistungsjoch einspannen, das ihnen noch nicht angemessen ist? Dagegen sagt Julius Hammer (1810–1862):

Stör nicht den Traum der Kinder,
wenn eine Lust sie herzt;
ihr Weh schmerzt sie nicht minder,
als dich das deine schmerzt.

Es trägt wohl mancher Alte,
des Herz längst nicht mehr flammt,
im Antlitz eine Falte,
die aus der Kindheit stammt.

Und was meint Jesus mit dem Wort in Matthäus 18,10 f.? „Seht zu, dass ihr nicht eines von diesen Kleinen verachtet. Denn ich sage euch: Ihre Engel im Himmel sehen allezeit das Angesicht meines Vaters im Himmel." Jedes Kind hat eine ständige Vertretung bei Gott. Er weiß, wie es ihm geht.

Gott verbündet sich mit allen Menschen

Kinder auf der Brücke unterwegs über die Schlucht! Wie bewusst das große Mädchen seinen Weg geht! Wie tapfer sie den kleinen Bruder hinüberführt!

Wenn man die Entwicklung von Enkelkindern miterlebt, fragt man sich: Was hinterlassen wir ihnen? Welche Kirche? Welche Welt? Welche Erde, welche Kultur und welche Politik? Natürlich auch: welches Beispiel? Sie werden sich auch mit uns auseinandersetzen müssen. Sie werden entdecken, wo wir geschlafen haben, statt hellwach zu sein; wo wir opportunistisch leise waren aus müder Konfliktscheu, wo wir das laute Getöse gesucht haben, obgleich es viel Lärm um Nichts war. Sie werden auch erkennen, wo wir schlicht dumm gewesen sind und wohl auch dumm bleiben wollten nach dem Motto: „Was ich nicht weiß, macht mich nicht heiß."

Kinder gebären in eine unberechenbare Welt? Meine Mutter hat mich im Jahr 1941 geboren. Meine Schwiegermutter hat meine Frau im Jahr 1944 zur Welt gebracht. Kein Jahr später haben Granatsplitter ihren Mann getötet. Es war eine grauenhafte Zeit. Aber meine Frau und ich, wir sind unseren Müttern dankbar, dass sie uns in dieser Zeit zur Welt gebracht haben.

Albrecht Goes sandte einer Frau, die 1943 ein Kind zur Welt brachte, dessen Vater vor der Geburt des Kindes in Stalingrad gefallen war, folgende Zeilen[78]:

Vieles Böse geschieht,
Aber dieses, dass Kinder
Immer von Neuem die Augen aufschlagen zum Leben,
Eben umhüllt noch vom Urtraum im Leibe der Mutter
Und schon umfangen vom Auge der Sorge und Liebe,
Weinend zuerst,
Doch dem Weinen gesellt sich ein Lächeln,
Staunen sodann und Ergreifen und endlich ein Rufen –
Vieles Böse geschieht,
Aber dieses, ihr Mütter,
Dieses ist gut.

Gibt es einen Grund zu sagen: „Dieses ist gut?" Ja, den: dass Gott selbst ein Kind wurde und dass er sich für immer mit unseren Kindern, mit uns Eltern und mit allen Menschen verbündet hat. Darum, noch einmal, Verse von Albrecht Goes aus dem Gedicht „Die Schritte"[79]:

Geh kühnen Schritt, tu tapfren Tritt,
Groß ist die Welt und dein.
Wir werden, mein Kind, nach dem letzten Schritt
Wieder beisammen sein.

Anmerkungen

1 Wer die Ereignisse um die Berliner Mauer nachträglich noch einmal erleben will, der lese das Buch, das der Historiker Edgar Wolfrum zum 20. Jubiläum des Mauerfalls geschrieben hat: Die Mauer. Geschichte einer Teilung, 2. Aufl. München 2009.

2 Ich schöpfe dabei besonders aus dem sehr informativen Artikel, den Peter Riede für das Calwer Bibellexikon, 2. Auflage, Calwer Verlag 2006, verfasst hat. Wer sich noch genauer über das Thema Mensch und Tier in der Bibel informieren will, der lese: Peter Riede: Im Spiegel der Tiere. Studien zum Verhältnis von Mensch und Tier im alten Israel, Universitätsverlag Freiburg/ Schweiz; Vandenhoeck und Ruprecht, Göttingen 2002.

3 Klementine Lipffert: Symbol-Fibel. Eine Hilfe zum Betrachten und Deuten mittelalterlicher Bildkunstwerke, Johannes-Stauda-Verlag Kassel, 1970, S. 30 f.

4 Vgl. Das Gedicht von Friedrich Hölderlin „Selbstquälerei".

5 Ich schöpfe dabei vor allem aus dem Artikel „Hirte" im Calwer Bibellexikon, den Werner Grimm geschrieben hat.

6 Ich empfehle in diesem Zusammenhang das Buch von Gisela Mayer: Die Kälte darf nicht siegen. Was Menschlichkeit gegen Gewalt bewirken kann, Ullstein-Verlag. Die Autorin hat ihre Tochter beim Amoklauf in Winnenden verloren. Ihr Buch ist ein Aufschrei, den wir nicht überhören dürfen. Verweisen möchte ich auch auf die Veröffentlichungen des Ulmer Gehirnforschers Prof. Manfred Spitzer.

7 Näheres dazu in: Hans-Martin Maurer/Kuno Ulshöfer: Johannes Brenz und die Reformation in Württemberg, Konrad Theiss-Verlag, Stuttgart und Aalen, o. J.

8 Jürgen Moltmann: Ethik der Hoffnung, Gütersloh 2010, S. 63 f.

9 Vgl. Allan Guggenbühl: Die PISA-Falle, Schule ist keine Lernfabrik, Freiburg 2002.

10 Elaine Pagels und Karen L.King: Das Evangelium des Verräters. Judas und der Kampf um das wahre Christentum, C. H. Beck, München 2008, S. 109 ff.

11 Martin Meiser: Judas Iskariot. Einer von uns. Evangelische Verlagsanstalt Leipzig, 2004, S. 135.

12 A. a. O. S. 136 ff.

13 A. a. O. S. 158.

14 A. a. O. S. 173 ff.

15 „Judas Ischarioth" in: Schalom Ben-Chorin: Aus Tiefen rufe ich, Herbert-Reich-Verlag, Hamburg-Bergstedt 1966.

16 Walter Jens: Der Fall Judas, Kreuz Verlag Stuttgart, 2. Aufl. 1978.

17 Karl Barth: Kirchliche Dogmatik Bd. II/2, Zürich 1948, S. 508 ff.

18 Kurt Marti: Schon wieder heute, Darmstadt 1982, S. 77.

19 Ich beziehe mich im Folgenden auf das Buch des Astronomen Konradin Ferrari d'Occhieppo: Der Stern von Bethlehem, aus der Sicht der Astronomie beschrieben und erklärt, Verlag Franckh-Kosmos, 1991. Ferrari d'Occhieppo war Professor der Theoretischen Astronomie an der Universität Wien und Wirk-

liches Mitglied der Österreichischen Akademie der Wissenschaften; zudem auf das Buch des Theologen August Strobel: Der Stern von Bethlehem, 1985; und auf Peter Stuhlmacher: Die Geburt des Immanuel. Die Weihnachtsgeschichte aus dem Lukas- und Matthäus-Evangelium, 2. Aufl., Göttingen 2006.

20 Näheres hierzu in: Martin H. Jung: Philipp Melanchthon in seiner Zeit, Göttingen 2010, S. 135 ff.

21 Hier nur einige Beispiele dieser Ablehnung. Wir finden sie besonders bei Jeremia (Jer 7,17 f...; 8,1 f.; 10,1-3; 19,11-13; 27,9 f.; 44,16-18). Aber auch schon in 5. Mose 4,19 f.; 17,2 f. Auch in 2.Kön 17,16 f.; 23,4.5.11, in Hiob 31,26-28; Jes 47,13 f., Hes 8,10. Es ist eindeutig, dass das Alte Testament einen kompromisslosen Abwehrkampf gegen jede Art von Gestirnskult führt.

22 Hermetische Schriften sind Schriften, die Hermes Trismegistos (griech. Name des ägyptischen Gottes Thot) verfasst haben soll. Sie bieten eine mystische Geheimlehre, beeinflusst von ägyptischen und orphischen Mysterien, auch von neuplatonischem Gedankengut. Sie wirkten ein auf die christliche Gnosis, auch auf Albertus Magnus, Paracelsus und auf die Freimaurer (Der Brockhaus in sechs Bänden, 2008).

23 Vgl. dazu Siegfried Böhringer: Astrologie, Kosmos und Schicksal, Matthias Grünewald-Verlag Mainz/ Quell-Verlag Stuttgart 1990. Seine Analyse der „erneuerten Astrologie“ ist sehr lesenswert. Seinen Versuch, eine neue Annäherung zwischen Astrologie und christlicher Theologie zu bewirken, sehe ich skeptisch.

24 Hans-Jürgen Ruppert: Vom Sternenkult zum Computerhoroskop. Weltanschauliche Deutungsansätze der Astrologie. EZW-Text 150, 1999, Evangelische Zentralstelle für Weltanschauungsfragen, S. 16.

25 Ich benutze zum Verständnis dieser Erzählung die gängigen Matthäus-Kommentare und besonders Wolfgang Wiefel: Das Evangelium des Matthäus, Theologischer Handkommentar zum Neuen Testament 1. Und Peter Stuhlmacher: Die Geburt des Immanuel.

26 Sie wird am Besten beschrieben in: Gerhard von Rad: Weisheit in Israel, Neukirchen 1970.

27 Ich schöpfe im Folgenden vor allem aus dem Artikel „Herodes der Große“ von Otto Betz im Calwer Bibel-Lexikon, Stuttgart 2003. Und aus Flavius Josephus: Der jüdische Krieg, Goldmann Verlag München, o. J.

28 Vgl. Linda-Marie Günther: Herodes der Große, Wissenschaftliche Buchgesellschaft, Darmstadt 2005.

29 Laut Otto Betz ist seine Quelle vor allem Nikolaus von Damaskus, der als Jurist, Philosoph und Diplomat am Hof des Herodes die Familienzwiste des Herodes eher mit Ehrfurcht beschrieben hat.

30 Samuel Huntington: Kampf der Kulturen. Die Neugestaltung der Weltpolitik im 21. Jahrhundert, Spiegel-Verlag 2006; Originalausgabe: The clash of civilizations, 1996.

31 Hans Küng: Weltethos, München, Zürich 1990.

32 Dietrich Bonhoeffer: Widerstand und Ergebung, Chr. Kaiser Verlag, München 1977, S. 20 f.

33 Vgl. Artikel Myrrhe von Ute Neumann-Gorsolke in: Calwer Bibellexikon, Stuttgart 2003.

34 Manfred Hausmann, Gesammelte Schriften in Einzelausgaben, Die Gedichte, Suhrkamp Verlag, vorm. S. Fischer, 1949, S. 143 f.

35 Hubert Bour: Josef - Diener des Heils, Predigt am 1. Mai 2006 in Heiligenbronn; und eine andere Predigt, die er am 19. März 2007 im Kloster Reute hielt; beide sind unveröffentlicht.

36 Glaubensverkündigung für Erwachsene. Deutsche Ausgabe des Holländischen Katechismus, Nijmegen-Utrecht, 1966, S. 84.

37 Paul Dieterich: Waldenser in Württemberg, Einführung in das Tagungsthema „Asyl in Württemberg", Blätter für Württembergische Kirchengeschichte, 110. Jahrgang 2010, S. 11 ff.

38 Adolf Schlatter: Das Evangelium nach Matthäus, Calwer Verlag 1947, S. 17.

39 Ich beziehe mich auf „Die Geschichte von Josef dem Zimmermann", übersetzt, erläutert und untersucht von Siegfried Morenz, Akademie Verlag, Berlin 1951.

40 „Dekane" sind in gnostischer Terminologie „dienende Geister".

41 Gute Auskunft über die biblische Auffassung der Engel bieten: Karl Barth, Kirchliche Dogmatik III/3 S. 426 ff. Und Dieter Heidtmann: Die Engel. Grenzgestalten Gottes. Über Notwendigkeit und Möglichkeit der christlichen Rede von den Engeln, Neukirchener Verlag, Neukirchen/Vlyn 1999.

42 „Alma" heißt nicht Jungfrau, sondern „junge Frau". In der Septuaginta, der griechischen Übersetzung des Alten Testamentes, wird dann durch einen Übersetzungsfehler aus der „alma" die „parthenos", aus der jungen Frau die Jungfrau.

43 Vgl. Karl Barth: Kirchliche Dogmatik III/4 S. 158.

44 Edgar Thaidigsmann: Einsichten und Ausblicke, Theologische Studien, hg. v. Johannes von Lüpke, LIT-Verlag 2011, S. 304 ff.

45 Ich empfehle hierzu das Buch des UNO-Berichterstatters für das Recht auf Nahrung, Jean Ziegler, Das Imperium der Schande. Der Kampf gegen Armut und Unterdrückung, Goldmann TB.

46 Zitiert nach Wolfgang Wiefel: Das Evangelium des Lukas, Theologischer Handkommentar zum Neuen Testament Bd. 3, S. 68.

47 Karl Barth: Dogmatik im Grundriss, im Anschluss an das Apostolische Glaubensbekenntnis, Stuttgart 1947, S. 95 ff.

48 David Flusser: Jesus in Selbstzeugnissen und Bilddokumenten, Rowohlt 1968; Schalom Ben-Chorin: Bruder Jesus. Der Nazarener in jüdischer Sicht, Paul List Verlag, München 1967; Pinchas Lapide: Ist das nicht Josefs Sohn? Jesus im heutigen Judentum, Calwer Verlag/Kösel-Verlag 1976.

49 Martin Kähler: Der sogenannte historische Jesus und der geschichtliche biblische Christus, Theologische Bücherei Bd. 2, Chr. Kaiser Verlag, München 1961, S. 30.

50 Schalom Ben-Chorin: Mutter Mirjam. Maria in jüdischer Sicht, Paul List Verlag, München 1971.

51 Auch in der Zeit nach dem 1. Jahrhundert n. Chr., in dem die Schriften entstanden sind, die uns im Neuen Testament vorliegen, wurden zahlreiche Berichte über Jesus geschrieben, so zum Beispiel das Nazoräerevangelium, das Ebionäerevangelium, das Hebräerevangelium, das Ägypterevangelium, das Petrusevangelium und viele andere mehr. Ihr Wert als historische Quellen ist äußerst gering. Ihr Wert als Urkunden, die Jesu Botschaft bezeugen, großenteils noch geringer. Die sogenannten apokryphen Evangelien sind alle erforscht und in wissenschaftlichen Ausgaben herausgegeben. So zum Beispiel in dem Standardwerk Edgar Hennecke: Neutestamentliche Apokryphen in deutscher Übersetzung, 3., völlig neu bearbeitete Auflage, hg. von Wilhelm Schneemel-

cher, Bd. 1 Evangelien, Tübingen 1959. Eine besondere Rolle spielen in ihnen die Kindheitsevangelien (S. 272 ff.).

52 Hennecke/Schneemelcher Bd. I, S. 277 ff.

53 Ich zitiere aus der 1480 Seiten starken zweibändigen Prachtsausgabe Jacobus de Voragine, Legenda aurea, deutsch von Richard Benz, Bd. I und II, Jena 1917.

54 Legenda aurea Bd. II S. 124 ff.

55 Legenda aurea Bd. I S. 323 ff.

56 Legenda aurea Bd. I S. 239 ff.

57 Legenda aurea Bd. II S. 1 ff.

58 Verlautbarungen des Apostolischen Stuhls 75, hg. vom Sekretariat der Deutschen Bischofskonferenz.

59 Wörtlich übersetzt heißt „theotokos" Gottesgebärerin; es ist die Frage, ob der Titel Mutter Gottes nicht mehr meint, als die Konzilsväter mit theotokos sagen wollten.

60 Der Wortlaut dieses Dogmas: „In der Autorität unseres Herrn Jesus Christus, der seligen Apostel Petrus und Paulus und auch kraft unserer eigenen verkündigen, erklären und definieren wir: Es ist ein von Gott geoffenbartes Dogma, dass die immerwährende Jungfrau Maria, die makellose Gottesgebärerin, als sie den Lauf des irdischen Lebens vollendete, mit Leib und Seele zur himmlischen Glorie aufgenommen wurde." Daran schließt sich die Mahnung an: „Sollte daher, was Gott verhüte, einer wagen, das entweder zu leugnen oder absichtlich in Zweifel zu ziehen, was von Uns definiert wurde, so soll er wissen, dass er vom göttlichen und katholischen Glauben völlig abgefallen ist."

61 Aus: Kurt Marti: Der Vorsprung Leben, Frankfurt 1989.

62 Ich schöpfe hier z.T. aus Gottfried Maron: Die Protestanten und Maria, in: Was geht uns Maria an? Hg. v. Elisabeth Moltmann-Wendel, Hans Küng und Jürgen Moltmann, GTB Siebenstern, Gütersloh 1988, S. 60 ff.

63 Vgl. hierzu Catharina J. M. Halkes: Maria – inspirierendes oder abschreckendes Vorbild für Frauen? Und: Maria Kassel: Maria, Urbild des Weiblichen im Christentum? Tiefenpsychologisch-feministische Perspektiven, in: E. Moltmann-Wendel u. a.: (Hg.) Was geht uns Maria an?, S. 113 ff. und142 ff.

64 Communio Sanctorum. Die Kirche als Gemeinschaft der Heiligen. Bilaterale Arbeitsgruppe der Deutschen Bischofskonferenz und der Kirchenleitung der Vereinigten Evangelisch-Lutherischen Kirche Deutschlands, Paderborn/Frankfurt 2000, dort S. 120 ff. Die Verehrung Marias, der Mutter des Herrn.

65 Stellungnahme der Evangelisch Theologischen Fakultät der Universität zu „Communio Sanctorum", Evang. Pressedienst Nr. 11 vom 11. März 2002.

66 Martin Luther, Ausgewählte Werke, hg. von H. H. Borchert und Georg Merz, 3. Aufl., Bd. VI, München 1968, S. 186 ff.

67 Schalom Asch: Maria, Zürich 1960.

68 Schalom Ben-Chorin: Mutter Mirjam. Maria in jüdischer Sicht, Paul List Verlag 1971;vgl. dazu auch Schalom Ben-Chorin: Die Mutter Jesu in jüdischer Sicht, in: Was geht uns Maria an Hg. v. E. Moltmann-Wendel u. a., S. 40 ff. Ich zitiere im Folgenden aus diesem Aufsatz, der das Wesentliche aus seinem Buch „Mutter Mirjam" zusammenfasst.

69 Dabei schöpfe ich vor allem aus dem Buch von Karl-Josef Kuschel: Weihnachten und der Koran, Patmos-Verlag, Düsseldorf 2008.

70 Ernst Pulsfort, Ludwig Hagemann: Maria, die Mutter Jesu, in Bibel und Koran, zitiert nach Kuschel: Weihnachten und der Koran, Düsseldorf 2008, S. 98 f.

71 Karl-Josef Kuschel: Weihnachten und der Koran, Düsseldorf 2008, S. 100.

72 Albrecht Goes: Leicht und schwer. Siebzig Jahre im Gedicht, Frankfurt 1998, S. 172.

73 Droste-Hülshoffs Werke in einem Band, Deutscher Bücherbund Stuttgart/Hamburg o. D. S. 542.

74 Dietrich Bonhoeffer: Schöpfung und Fall, München 1933, S. 73 f.; Dietrich Bonhoeffer: Ethik, Stuttgart o. D. S. 131 ff.

75 William Paul Young: Die Hütte. Ein Wochenende mit Gott, Aus dem Amerikanischen übersetzt von Thomas Görden, deutsche Ausgabe Ullstein Verlag, Berlin 2009.

76 Dietrich Bonhoeffer: Widerstand und Ergebung. Neuausgabe, Chr. Kaiser Verlag, München 1977, S. 25 f.

77 Vgl. Artikel „Honig" von Peter Riede im Calwer Bibellexikon, Stuttgart 2003.

78 Albrecht Goes: Leicht und schwer. Siebzig Jahre im Gedicht, Frankfurt 1998, S. 39.

79 A. a. O., S. 46.

Bibelstellenregister

Inhalt